HEYNE

WERNER KOCZWARA

EINER FLOG ÜBERS ORDNUNGSAMT

Wilhelm Heyne Verlag
München

Verlagsgruppe Random House FSC® N001967
Das für dieses Buch verwendete FSC®-zertifizierte Papier
EOS liefert Salzer Papier, St. Pölten, Austria.

Copyright © 2013 by Wilhelm Heyne Verlag, München,
in der Verlagsgruppe Random House GmbH
www.heyne.de
Redaktion: Elly Bösl
Umschlaggestaltung: Hauptmann und Kompanie Werbeagentur,
Zürich, unter Verwendung eines Fotos von © Sang-Hun Kim/
Biegert & Funk
Illustrationen: Juliane Scholz, Biegert & Funk
Satz: EDV-Fotosatz Huber/Verlagsservice G. Pfeifer, Germering
Druck und Bindung: Pustet, Regensburg
Printed in Germany 2013

ISBN 978-3-453-20051-7

Folgende Flugbewegungen sind in diesem Buch verzeichnet:

1. Einer flog über die Schlaflosigkeit 9
2. Einer flog über den Bundesgerichtshof 13
3. Einer flog übers Reiserecht – Teil 1 19
4. Einer flog über den Erste-Hilfe-Kurs........ 39
5. Einer flog übers Reiserecht – Teil 2 45
6. Einer flog übers Steuerrecht 55
7. Einer flog über die terroristische Dackelvereinigung 63
8. Einer flog übers Bestattungsrecht 71
9. Einer flog übers EU-Recht 79
10. Einer flog übers Ordnungsamt 87

11. Einer flog über den Grenzstein 101

12. Einer flog über die Straßenverkehrsordnung . . 105

13. Einer flog über die Abseitsregel 117

14. Einer flog über die Weihnachtsfeier. 123

15. Einer flog über die juristischen
    Folterinstrumente 127

16. Einer flog übers Jugendstrafrecht. 135

17. Einer flog über juristische Kinderbücher 141

18. Einer flog übers Kuckucksnest. 159

19. Einer flog über die Sicherungsverwahrung. . . . 163

20. Einer flog über das Bundesverfassungsgericht . 173

21. Einer flog über die Opferbereitschaft 179

Anmerkungen und Fußnoten 185

Kurze Anweisung an den Leser

Sie müssen die folgenden 180 Seiten nicht chronologisch lesen. Sie sind ein freier Mensch! Sie können anfangen, wo Sie wollen. Ein bisschen Hilfe schadet aber nicht.

Wenn Sie sich durch die Einführung der Abseitsregel in der Straßenverkehrsordnung in Verwirrung stürzen möchten, blättern Sie gleich durch zu Kapitel 13.

Wenn es Ihnen dagegen eher spontan nach einigen erheiternden Piktogrammen über Erste Hilfe im Gerichtsaal ist, starten Sie bei Kapitel 4.

Rechtlich Abgrundtiefes zur Psyche des Urlaubers finden Sie gleich zweimal, nämlich in den Kapiteln 3 und 5.

Literarische Parodien zu juristischer Weltliteratur eröffnen sich dem Leser ab Kapitel 10. Und Freunde der aussagekräftigen Realsatire werden ab Kapitel 19 fündig, da in diesem und dem folgenden Kapitel geschildert wird, dass auch im Bundesverfassungsgericht nicht nur gescheite Juristen Recht sprechen.

Ein Einstieg mittels der Entgleisungen des EU Rechts empfiehlt sich ab Kapitel 9. Wer hingegen aus dem Buch ein paar Seiten spontan herausreißen möchte, begebe sich unverzüglich zu Kapitel 17.

Mein Wunsch wäre, dass Sie Kapitel 1 lesen und dann

über Ihr weiteres Vorgehen entscheiden. Wenn Sie beim ersten Kapitel bereits einschlafen, wird es schwierig.

Wir starten daher sicherheitshalber mit der Schlaflosigkeit.

EINER FLOG ÜBER DIE SCHLAFLOSIGKEIT

Kurze Geschichte von den zwei Kindern, die nachts nicht einschlafen konnten

Zwei Kinder liegen nachts wach und können nicht einschlafen. Das erste Kind versucht es mit Schäfchen zählen: das erste Schaf hüpft über den Zaun, das zweite Schaf hüpft über den Zaun, das dritte Schaf hüpft über den Zaun ... nach dem zehnten Schaf ist das Kind eingeschlafen.

Auch das zweite Kind versucht es mit Schäfchen zählen: das erste Schaf hüpft über den Zaun, das zweite Schaf hüpft über den Zaun, das dritte Schaf hüpft über den Zaun. Nach dem dritten Schaf hüpft der Schäfer über den Zaun und versucht, die drei Schafe wieder einzufangen.

Das Kind findet die ganze Nacht keine Ruhe mehr. Weshalb haben die drei Schafe versucht, zu entkommen? Warum ist der Schäfer nachts noch wach? Hat er keinen Schäferhund? Wenn ja, warum?

Dieses Kind hat eine sehr komplizierte Denkweise.

Wenn es groß ist, wird es Jurist werden.

Noch eine Geschichte von einem Kind, das nachts nicht ruhig schlafen kann

Es gibt einen Ort, an dem vollständige Gerechtigkeit herrscht. Es gibt dort keinerlei Gewalt. Dort frisst kein Tier ein anderes. Nie hat man dort je ein Kind weinen hören. Es regnet da sogar niemals. Der Ort ist gar nicht so weit entfernt. Es waren schon Menschen dort und haben uns von ihm berichtet.

Dieser Ort ist der Mond. Der Mond: unbewohnbar, aber gerecht. Die Erde hingegen: bewohnbar, aber ungerecht. Frage: Wo möchten Sie lieber leben? Ein Kompromiss wäre: Irgendwo zwischendrin.

In diesem Buch verweilen wir im irdischen Bereich, dem bewohnbaren, dem ungerechten. Ein Ort allerdings, an dem seit Menschheitsbeginn verbissen an der Abschaffung des Unrechts gearbeitet wird. Mit einer Erfindung namens *Recht*. Aber was ist das Recht? Versuchen wir mal, es einem Kind zu erklären:

Dein Papa sitzt zu Hause im Garten, da kommt der böse Nachbar und haut ihm eine rein. Dein Papa steht auf und haut dem Nachbarn auch eine rein. Du sagst: Fall erledigt. Recht so.

Ja, schon, durchaus. Aber hast du dir den Papa und den Nachbarn mal genauer angeschaut? Dein Papa ist nämlich 1 Meter 60 groß und war bei den Bundesjugendspielen immer der Letzte. Der Nachbar hingegen misst 2 Meter 11 und war früher Boxweltmeister. Haut dein Papa dann immer noch zurück?

Natürlich nicht. Dein Papa sucht sich jemand, der stärker ist als er selbst und der den Nachbarn ordentlich vermöbeln kann. Dieser andere ist das Recht. Denn das Recht ist so stark, dass es noch den stärksten Mann umhaut.

Also geht dein Papa zum Rechtsanwalt und sagt: »Der starke Nachbar soll vom noch stärkeren Recht eins auf die Mütze bekommen.« Und so geschieht es dann: Der gewalttätige Nachbar wird vom Recht in seine Schranken gewiesen, bereut seine Sünden und wird fürderhin ein braver Mann. So geschieht es bei uns Tag um Tag, und nun schlafe wohl, mein Kind.

Was wir unterschlagen haben: Der Anwalt will einen ordentlichen Vorschuss, der Papa muss Prozesskostenhilfe beantragen, das Gericht ist überlastet und kann frühestens in 12 Monaten entscheiden, und der Anwalt des Nachbarn hat eine Gesetzeslücke entdeckt, die es Männern über 2 Meter 10 erlaubt, den Nachbarn zu vermöbeln.

Schlafe wohl, mein Kind. Unter deinem Bett sind keine Monster. Denn diese stehen allesamt wohlgeordnet in den Regalen der Justizbehörden.

Wo sie darauf warten, dass du erwachsen wirst, um dann ihr großes Theater aufzuführen: die Komödie des Rechts. Denn wo Ordnung zu Unfug wird, da wird Justiz zu Komik.

In diesem Buch geht es um derlei Unfug. Und um Humor als Notwehr.

KAPITEL 2

EINER FLOG ÜBER DEN BUNDESGERICHTSHOF

Sägen wir mal etwas an den Wurzeln der Juristerei. Schauen wir uns einen Begriff an, einen sehr erhabenen Begriff. Den Begriff »Rechtsstaat«. Wer ihn in die Argumentation wirft, der ist automatisch auf der Seite der Guten. »Wir leben in einem Rechtsstaat«, will meinen: Das Gesetz gilt für alle. Wir haben ein Grundgesetz, wir haben ein Strafrecht, und da stehen die Sachen drin, die in unserem Land verboten sind und bestraft werden. Daran müssen sich alle halten, der Bürger wie auch die Justiz, und das ist alles in Ordnung. Da sind wir uns doch einig, oder?

Kurze Rückblende ins Jahr 1969. Sind wir der Meinung, dass wir im Jahr 1969 in Deutschland einen Rechtsstaat hatten? Jawohl, das sind wir allesamt.

Wie aber erklären wir uns die Tatsache, dass noch im Jahre 1969 Männer zu Gefängnisstrafen verurteilt wurden, nur weil sie homosexuell waren? Also Männer, die nichts verbrochen hatten. Alle völlig rechtmäßig verurteilt nach § 175 Strafgesetzbuch, der jeden homosexuellen Kontakt mit Gefängnis bestrafte, auch bei gegenseitigem Einvernehmen. Es mussten also erst mal drei Jahre abgesessen werden, und bei ungünstiger Prognose drohten dann 10 Jahre

Sicherungsverwahrung wegen gleichgeschlechtlicher Betätigung. Juristisch völlig in Ordnung. Wir lebten ja 1969 in einem Rechtssaat.

In einem solchen lebten wir übrigens auch im Jahre 1993. Unter dem Schutz eines Rechts, das die Verklappung von Atommüll erlaubte und dadurch insgesamt 114 726 Tonnen Atommüll im Meer landeten. Ganz legal. Wir lebten ja auch 1993 in einem Rechtsstaat. Mit Paragrafen, die festlegen, was Recht ist. Aber was, wenn diese Paragrafen schlecht sind? Oder die guten Paragrafen von den Richtern ignoriert werden? Denn wie lautete im Jahre 1985 Artikel 12 a Grundgesetz? Genau: »Die Dauer des Ersatzdienstes darf die Dauer des Wehrdienstes nicht überschreiten«.

Und wie lautete hierzu das Urteil des Bundesverfassungsgerichts? Exakt: Wer 1985 den Wehrdienst verweigerte, musste 150 Tage länger Ersatzdienst machen, nämlich 20 Monate statt 15. 20 gleich 15! Mein lieber Herr Juristen-Gesangsverein!

Die Mühlen der Justiz sind die unberechenbarsten Mühlen der Welt. Während bei einer normalen Mühle oben Weizen reingeschüttet wird und unten Mehl rauskommt, wird in die Mühlen der Justiz eine Rechtsfrage oben hineingeschüttet, und was dann unten rauskommt, ist bisweilen ein Grundstoff, aus dem sich ausschließlich jenes karge Brot backen lässt, das schon Goethe in seinem *Wilhelm Meister* wehmütig nur mit Tränen zu verspeisen vermochte:

»Wer nie sein Brot mit Tränen aß,
Wer nie die kummervollen Nächte

Auf seinem Bette weinend saß,
Der kennt euch nicht, ihr juristischen Mächte!«

Natürlich, bei Meister Goethe sind es nicht die juristischen, sondern die himmlischen Mächte. Dennoch dürfte der Jurist Goethe zustimmen, dass man auch mit Gerichtsurteilen kummervolle Nächte weinend auf dem Bett verbringen kann.

Zur Bekräftigung dieser These hier ein von den Mühlsteinen der Justiz besonders gründlich zermalmter Rechtsvorfall. Im Zentrum der folgenden Ausführungen steht das Urteil des Bundesgerichtshofs vom 25. April 2008.[1]

Allgemeine Besorgnis ist die Kerndisziplin jeglicher Erziehung. Man setzt dem Kind einen Helm auf für den Fahrradweg zur Schule. Man schärft dem Kind ein, nicht mit Fremden mitzugehen. Man kann tun und lassen, was man will, vollständige Sicherheit gibt es für unsere Kinder dennoch nicht. Denn wovor sie niemand schützen kann, das ist die Rechtsprechung unserer obersten Gerichte.

Nähern wir uns einer wichtigen Frage: Darf ein Lehrer mit einer 14-jährigen Schülerin ins Bett? Instinktiv sagen wir: Nein, unter keinen Umständen. Unsere Gerichte sehen das weitaus differenzierter.

Schauen wir uns die Rechtslage an. Das StGB verbietet in § 174 Absatz 1 sexuelle Handlungen mit Jugendlichen unter 16 Jahren, wenn diese dem Täter »zur Erziehung anvertraut sind«. Ein leichtfertig urteilender Geist könnte angesichts dieser durchaus klaren Formulierung annehmen, dass ein Lehrer mit einer Schülerin, die ihm ja zur

Erziehung anvertraut ist, nicht in die Heia steigen darf. Hierzu folgender Fall, über den die *Rheinzeitung* berichtet:

»22 Mal war es zu sexuellen Handlungen zwischen Lena W., der damals 14 Jahre alten Schülerin, und Dirk S., dem Klassenlehrer ihrer Parallelklasse, gekommen. Erst nach langem Leugnen hatte Lehrer Dirk S. die Taten gestanden. Das Neuwieder Amtsgericht hatte ihn im Januar vergangenen Jahres daraufhin zu zwei Jahren Freiheitsstrafe auf Bewährung verurteilt.«

Der Bundesgerichtshof ist da allerdings anderer Meinung: Freispruch. Ob ein sexueller Missbrauch vorliegt, entscheidet sich nämlich juristisch an folgender Frage: War's der Klassenlehrer oder war's die Pausenvertretung? Denn der BGH sagt: Der Klassenlehrer darf nicht, die Pausenvertretung darf. Und Dirk S. war eben nur Pausenvertretung.

Kein mit der Lebenswirklichkeit vertrauter Geist käme jemals auf die Frage, ob beim Intimverkehr eines Pädagogen mit einer Vierzehnjährigen zwischen Klassenlehrer und Pausenvertretung zu unterscheiden ist. Sollte nicht eines der höchsten deutschen Gerichte zu einer Klarstellung fähig sein, dass nämlich der Beischlaf zwischen einer 14-jährigen Schülerin und einem Lehrer nicht zwingend dem Bildungsauftrag einer Schule entspricht?

Stattdessen zögert die Justiz nicht, ein weiteres Mal ums Eck zu denken. Nämlich mit der Logik, dass zwischen Schülerin und Lehrer kein Abhängigkeitsverhältnis mehr besteht, sobald der Beischlaf in den Ferien stattfindet. Der dahinter stehende Gedanke ist, dass ein Missbrauch nur dann vorliegt, solange der Lehrer auf die Schülerin durch die Notenvergabe einwirken kann. Was in den Ferien ja nicht der Fall ist.

Diese Logik denken wir doch mal rasch zu Ende. Wenn die Benotung ein Kriterium für Missbrauch ist, dann scheidet logischerweise Missbrauch aus in allen Fächern, die für die Versetzung nicht relevant sind. Demzufolge kann niemals ein Missbrauch stattfinden bei Lehrern aus folgenden Fächern: Sport, Bildende Kunst, Musik. Denn diese Fächer spielen versetzungstechnisch ja keine Rolle. Es dürfen zum straffreien Intimverkehr daher antreten: der Sportlehrer, der Kunstlehrer, der Musiklehrer. Und natürlich, wir wollen den Gedanken ja sauber zu Ende bringen: der Religionslehrer – wie übrigens Dirk S.[2]

KAPITEL 3

EINER FLOG ÜBERS REISERECHT – TEIL EINS

Es sind die einfachen Sätze, die im kulturellen Gedächtnis der Menschheit haften bleiben. Beim ersten Betreten des Mondes sprach Apollo-11-Astronaut Armstrong bekanntlich die Worte: »Ein kleiner Schritt für einen Menschen, aber ein großer Sprung für die Menschheit.« Jeder kennt diesen Satz.

Auch die Justiz bringt in ihren Sternstunden wohlgesetzte Worte von ewiger Gültigkeit hervor. Und so sollte jeder Reiserechtskläger beim ersten Betreten des Gerichtssaales laut und klar das schon nahezu epochal anmutende Urteil des Amtsgerichts Mönchengladbach ausrufen: »Ein kleines Insekt in einem großen Suppentopf ist kein Reisemangel.«

Das ist große Poesie. Bildhaft läuft vor unserem Auge das Drama des rechtsschutzversicherten Menschen ab: Wie er, in den großen Suppentopf starrend, das kleine Insekt erblickt. Seine Gesichtszüge werden streng, aus des Urlaubers Innerstem entsteigt ein zornesblinder Macbeth, hinauf schaut er zu den gerechten Göttern, sein Blick sagt nur ein einziges Wort: »Rache!«

Das AG Mönchengladbach aber eben sagt: »Ein kleines Insekt in einem großen Suppentopf ist kein Reisemangel.«

Dieser Satz sollte als Banner über jedem Richtertisch hängen. Ein Meter hoch, fünf Meter breit. Sehr gut lesbar eben.

Das vom DeutschenAnwaltVerlag herausgegebene Büchlein *Reiserecht-Entscheidungen* ist mittlerweile in der 6. Auflage, umfasst 417 sehr eng beschriebene DIN-A4-Seiten, gesetzt in 10 Punkt, also der kleinsten noch mit bloßem Auge wahrnehmbaren Schriftgröße. Auf 417 Seiten in 10-Punkt-Schrift passen sehr viele und im Extremfall sehr seltsame juristische Vorgänge. Den Juristen unter uns wird dieses nur ein übermüdetes Gähnen entlocken. Die hellwachen Justizgeplagten unter uns indes wissen: Wir dringen nun wie Sergeant Ripley in *Alien 2* zur Brutstätte des Monsters vor.

Verhalten Sie sich ruhig, und machen Sie sich auf das Schlimmste gefasst: Wir kommen zum Reiserecht.

1. Kleiner, persönlicher Exkurs:

Zum Einstieg ins Thema Reisen hier zunächst ein Auszug der Tagebuchaufzeichnung über die Kubareise mit meiner Frau Sabine im Januar 2012:

Ich sage nur: Kuba! 11 Tage waren wir auf dieser Insel und nennen nun alle Kenntnis über die Schrecken des Sozialismus unser Eigen. Was uns zuvörderst bewegt, ist die Frage: Wie können 12 Millionen Menschen so gut gelaunt sein, obschon sie nichts anzubieten haben außer Rum, Zigarren und Che-Guevara-T-Shirts? Es muss wohl am guten Wetter liegen.

Aber zur Sache: Von Montag, 2.1., bis Freitag 6.1., verlief der Urlaub entspannt und störungsfrei. Dann, am Samstag, 7.1., gegen 15 Uhr, befolgten wir unvorsichtigerweise den Ratschlag unseres Kuba-Reiseführers: »*Nehmen Sie Anhalter mit, sie werden es Ihnen danken.*« *Anstatt jenen Sinnspruch, der nicht ohne Grund über meinem Schreibtisch hängt, ins Zentrum aller Handlung zu stellen und der da lautet:* »*Jede gute Tat wird bestraft!*«

15 Minuten später war unsere Reisetasche weg. Mit Pässen und Visa.

Wer einen entspannten Nachmittag erleben möchte, der begebe sich umgehend nach Havanna zur policia comunal, *um dort eine* »documentacion de penal« *einzufordern. Nichts beruhigt ein ohnehin bereits bedächtiges Gemüt wie speziell das meine so sehr, wie sieben Stunden* conversacion *mit Polizisten, die weitaus weniger Englisch sprechen als ich Spanisch. Und ich spreche ÜBERHAUPT kein Spanisch.*

Nun gut, jedenfalls gelang es Sabine, auf der Straße eine belastbare Kanadierin fortgeschrittenen Alters für Übersetzungstätigkeiten zu rekrutieren, was die Konversation mit der policia *um geschätzte sechs Monate verkürzte.* Gracias & thank you, *Mireille!*

Im Folgenden die Geschehnisse: Zunächst circa 4 Stunden auf der Polizeistation mit überwiegend sinnlosen Fragen. Den Tathergang z. B. müssen wir auf DEUTSCH aufschreiben, was auch bei intensivstem Grübeln keinerlei Sinn ergibt. Auch werden wir nach unseren verstorbenen Vätern befragt, was ebenfalls schwer ergründlich bleibt. Und zum Schluss – nach einem zweiseitigen, handschriftlich angefer-

tigten Dokument – knüllt der uns befragende Herr das Schriftstück zusammen und wirft es weg. Auf Nachfrage wird erklärt, es sei »zu lang« gewesen. Worauf in einer weiteren Befragung ein neues Dokument erstellt wird, das exakt genauso lang ist.

Überraschenderweise stellt sich nun heraus, dass die wirklich wichtigen Formulare in DIESEM Polizeirevier nicht vorrätig sind. So kommt es zu einer unvergesslichen Fahrt ins NÄCHSTE Polizeirevier. Das hierbei benutzte Fahrzeug verdient eine genauere Beschreibung: Das russische Fabrikat LADA steht nicht im Ruf besonderen Komforts. Das Exemplar, in welchem zu Reisen wir das Vergnügen hatten, war von noch speziellerer Natur: Meiner Einschätzung nach wurde es bereits im Jahre 1492 von Columbus persönlich mitgebracht, um die Bevölkerung vom Autofahren abzuschrecken. Das Getriebe machte bei jedem Schaltvorgang Geräusche wie ein kehlkopfkrebskranker Papagei auf dem Sterbebett, assistiert von einer Kupplung, die offensichtlich schon mehrfach dem verdienten Grab auf dem Autofriedhof erfolgreich entkommen war, und dieses Orchester an desaströs klingenden Instrumenten wurde dirigiert von einem Fahrer, circa zwei Meter groß, die Stirn an die Windschutzscheibe gepresst, was dem unbedarften Beobachter fraglos ein Höchstmaß an Fahrsicherheit signalisiert.

So also geht's zur nächsten Polizeistation. Da heißt es warten. Genauer gesagt den für uns zuständigen Beamten etwa zwei Stunden lang bei folgendem Schauspiel beobachten: Er schaut gelangweilt auf unsere Dokumente, dann steht er auf, läuft mit einer leeren Cola-Dose durch den Raum zu einem

Wasserhahn, füllt die Dose, geht zu einer Zimmerpflanze und schüttet den Inhalt der Dose in den Blumentopf. Dieser Vorgang wiederholt sich alle fünf Minuten. Die Polizei, dein Freund und Gärtner?

Wir wissen es nicht. Die Pflanze muss geschätzte sechs Liter Wasser verkraften, doch kurz bevor sie jämmerlich ertrinkt, dann der Durchbruch: Die »documentacion de penal«!

Allerdings nur auf meinen Namen. Eigentlich fehlt Sabines Reisepass ja auch. Muss sie nun für immer auf Kuba bleiben? Egal. Keine Zeit zum Diskutieren. Wir müssen nun dringend zu unserem Mietwagen. Der steht auf dem Parkplatz des Hotel Nacional. Fein, dass uns die policia *dort hinbringt! Aber warum eigentlich mit insgesamt sechs Beamten? Und warum ziehen die jetzt Absperrbänder um den Parkplatz und stellen Scheinwerfer auf? Aber natürlich! Wegen der Fingerabdrücke am Auto!*

Das Auto wird sehr großzügig mit Fingerspur-Farbe eingesprüht. Und wir, im grellen Licht der Scheinwerfer, umgeben von Polizisten, ebenfalls. Das muss auf den unvoreingenommenen Betrachter sehr vertrauenerweckend wirken. Fortan kennen uns alle im Hotel Nacional. Eine gute Stunde dauert die erkennungsdienstliche Behandlung, dann wanken wir entkräftet dem Hotel entgegen.

Es ist ein erhabenes Ereignis, mit von Fingerabdrucktinte geschwärzten Händen und ohne Reisepässe im renommiertesten Hotel Havannas einzuchecken. Ich blicke an die Galerie über der Rezeption, wo Bilder berühmter Hotelgäste hängen: Al Capone war auch dabei. Na also. Da sind wir Schwerverbrecher ja in bester Gesellschaft.

So gegen 23 Uhr Ortszeit entspannt sich die Lage, und Sabine und ich trinken insgesamt acht Mojitos, wobei fünf auf mich entfallen. Entsprechend geruhsam verläuft die Nacht. Denn der gerechte Schlaf wird jenem zuteil, der über eine »documentacion de penal« verfügt. Sowie über einen kleinen Vollrausch.

Wir würden übrigens jederzeit wieder nach Kuba fahren. Eine großartige Insel mit überwiegend gutartigen Menschen. Was lehrt uns diese Geschichte? Nun, dass man im Ausland unbedingt die Sprache der Einheimischen beherrschen sollte. Hierzu folgender Fall vor dem AG Stuttgart-Bad Canstatt:

Eine in Stuttgart lebende Sächsin wird zur Zahlung eines Flugtickets nach Bordeaux verurteilt, obwohl sie dort gar nicht hinwollte. Wie konnte das geschehen? Folgendermaßen: Die Frau buchte im tiefsten sächsischen Dialekt eine Reise ins portugiesische Porto und erhielt letztlich – durchaus sprachlich nachvollziehbar – ein Flugticket nach Bordeaux. Der Reisenden wurde zum Verhängnis, dass die Dame im Reisebüro den Flug erst gebucht hatte, nachdem sie ihrer Kundin die Flugroute »zweimal in korrektem Hochdeutsch genannt hatte«, so das Gericht.[3] (Im Übrigen ein krasses Fehlurteil! Denn das Gericht ließ ganz offensichtlich unberücksichtigt, dass sich der Vorfall in der Hauptstadt jenes Bundeslandes ereignete, das von sich sagt: »Wir können alles außer Hochdeutsch.«)

Es wird hiermit prinzipiell empfohlen, sich vor Reiseantritt ein paar grundlegend wichtige Sätze der Landessprache anzueignen.

Italienreisenden zum Beispiel seien dringend Sätze angeraten, die geeignet sind, die deutsch-italienische Freundschaft zu vertiefen, etwa

Molto bene. Gefolgt von: *Bella Italia.*

Das schafft eine Atmosphäre von Vertrauen und Freundschaft, und genau so soll es ja sein.

Dringend abzuraten ist es hingegen, einzig mit folgendem Satz bewehrt eine Italienreise anzutreten:

Sono sopravvissuta seconda guerra mondiale, non sara dunque questa colazione ad uccidermi.

(Ich habe den 2. Weltkrieg überlebt, dann bringt mich dieses Frühstück auch nicht um.)

Ebenfalls nicht hilfreich ist: *Sotto Mussolini ciò non sarebbe successo.* (Unter Mussolini hätt's das nicht gegeben!)

Zu vermeiden ist auch folgender Satz, speziell bei Papstaudienzen: *Give me five! Ho on vecchio amico e anche lui fa il prete.* (Give me five! Ich hab 'nen Kumpel, der ist auch Pfarrer.)

Wichtig dagegen ist die fehlerfreie Beherrschung des Standardsatzes für erschöpfte Touristen in Reisegruppen mit ambitioniertem Besichtigungsprogramm:

Lasciatemi pur steso qui. Senza di me ce la potete fare. Also: Lasst mich einfach liegen, ohne mich könnt ihr es schaffen.

2. Planung der Reise

Wir gehen bei der Abwicklung des juristischen Reisedramas chronologisch vor und beginnen daher im Vorfeld. Eine gebuchte Reise muss angetreten werden. Auch gegen innere Widerstände. Und gegen familiäre Tragödien, wie wir vom Amtsgericht München erfahren:

»Befindet sich ein Versicherungsnehmer auf Grund der Trennung von seiner Ehefrau in einem erheblichen Erregungszustand, sodass ein Beruhigungsmittel verordnet wird (hat er daneben noch Schlaf- und Konzentrationsstörungen, Appetitlosigkeit und muss er außerdem gehäuft auf die Toilette), so ist der Antritt der Reise dennoch zumutbar.«[4]

Fassen wir zusammen: Da ist ein Mann. Seine Frau hat sich von ihm getrennt. Nun muss er Beruhigungsmittel nehmen. Weil er nicht mehr schlafen und sich nicht konzentrieren kann. Er kann auch nichts mehr essen. Stattdessen muss er aufs Klo. Und verreisen. Das will er aber nicht.

Eine evolutionär hochinteressante Entwicklung: Vom Jäger und Sammler zum konzentrationsgestörten Reiseverweigerer. Einstmals war der Mann groß und stark. Er erlegte todesmutig das Mammut und den Säbelzahntiger. Furchtlos spannte er den Bogen, wo der Feind der Höhle nahte. Brandschatzung und Eroberung war sein Tagewerk, wie auch die Unterwerfung des widerspenstigen Weibs.

Nun plötzlich lässt er sich medikamentös ruhigstellen, wenn die Frau den Koffer packt.

Apropos Gepäck.

3. Die Ankunft

Ein weises Urteil erreicht uns vom OLG aus Hamm:

> »Es stellt keine grobe Unvorsichtigkeit dar, den beladenen und verschlossenen Wagen für die Dauer eines Platzregens vor dem Haus in Sizilien stehen zu lassen. Eine Bewachung des Gepäcks durch Sitzenbleiben im Auto bedeutet eine Überspannung der Sorgfaltsanforderungen. Der Urlauber handelt auch nicht dadurch grob nachlässig, dass er nicht vom Fenster aus den Wagen dauernd im Auge behält.«[5]

Halten wir fest: Der Reisegepäckversicherer hat ganz konkrete Vorstellungen davon, wie ein Urlauber sein Gepäck vor Diebstahl zu schützen hat. Nämlich durch eine Art »lock around the clock«-, also Rund-um-die-Uhr-Überwachung: Solange sich das Gepäck im Auto befindet, darf dieses nicht mehr verlassen werden. Nein, auch nicht für kurze Restaurantbesuche, aber wozu haben wir schließlich diese ganzen Drive-in-Fastfood-Stationen! Das macht speziell die Anreise in weit entfernte Orte kulinarisch überschaubar.

Am Ferienort angekommen gilt speziell bei Dauerregen: am Fenster stehen und das Auto mit dem dort verbliebenen Gepäck im Auge behalten. Ehepartner können sich abwechseln. Schichten einteilen. Wecker stellen. Wache stehen. Große Mengen Kaffee aufbrühen. Denn der Feind nutzt jede Unachtsamkeit zum Angriff.

Aber auch wenn der Regen nachlässt und das Gepäck in die Ferienwohnung transportiert werden kann, gibt es keine Entwarnung, denn was für einen verschlossenen Wagen gilt, trifft ebenso auf eine Wohnung zu. Ist der Koffer daher nicht letztlich auch in der verschlossenen Ferienwohnung, sobald der Urlauber sie verlässt, ungeschützt dem Diebstahl preisgegeben? Das sicherste Reisemodell ist daher: nonstop ans Ziel durchfahren, eine Woche schwer bewaffnet auf dem Koffer sitzen, dann wieder nonstop heim. So stellt sich eine Gepäckversicherung den optimalen Urlauber vor.

Was der Versicherer aber ganz offensichtlich nicht bedacht hat: Wenn ich mein Gepäck täglich 24 Stunden bewache, wozu brauch ich dann noch eine Gepäckversicherung?

4. Am Urlaubsort

Starten wir mit Grundsätzlichem. *Wir* sind am Urlaubsort. Das *Gepäck* ist am Urlaubsort. Aber ist dieser Urlaubsort auch dort, wo wir und das Gepäck sind?

Mit klarem Blick für Lug und Betrug erkennt das AG Schöneberg:

>»Ein Reiseveranstalter hat eine völlig andersartige Leistung erbracht, wenn ein Reisender einen 3-wöchigen

Urlaub in einer am Strand gelegenen Ferienhaussiedlung bucht, stattdessen aber einen zweiwöchigen Aufenthalt in einer Großstadt erhält.«[6]

Hier erstaunt weniger die Klarsicht der Richter, sondern vielmehr die unterschwellige Annahme des Reiseveranstalters: »Vielleicht merkt's der Reisende ja nicht, sucht zwei Wochen lang den Strand und fährt wieder heim.« Eine ähnliche Denkweise führt uns zum AG Frankfurt:

»Bucht ein Reisender eine Reise nach Spanien und wird dann in Portugal untergebracht, so gilt die Reise als vereitelt.«[7]

Und da hat das AG Frankfurt einfach recht. Wenn ich nach Spanien will und dann im Land nebenan lande, dann ist das auch bei geografisch großzügiger Interpretation des Reiseziels einfach nicht in Ordnung.

Wobei gerade nebenan in Portugal schwerste Risiken für den Urlauber lauern:

»Keine Reiseminderung und daher als allgemeines Lebensrisiko zu dulden ist es, in einer portugiesischen Hotelanlage von einem Ziegenbock umgerannt zu werden.«[8]

Also Vorsicht vor Ziegenböcken in portugiesischen Hotelanlagen! Und natürlich beim Abendessen vor dem Koch! In einem portugiesischen Hotel nicht hinnehmbar ist es,

> »wenn bei Vollpension als Abendessen nur zwei Spiegeleier mit Nudelsuppe gereicht werden.«[9]

Spiegelei mit Nudelsuppe! Das ist ganz fraglos ein Gericht, das nicht auf die Speisekarte gehört, sondern ins Vorstrafenregister des Hotelkochs. Wobei, auch wenn Besseres gereicht wird, ist nicht alles eitel Sonnenschein:

> »Werden die Reisenden durch den Reiseleiter über mehrere Tage hinweg in aggressiver Form zur Teilnahme an einem Galadinner gezwungen, so stellt dies einen Reisemangel dar.«[10]

Wie weit die Aggression ging, erfahren wir nicht. Ob es also bei kleineren Handgreiflichkeiten seitens des Reiseleiters blieb oder in der finalen Drohung gipfelte: »Friss oder stirb!«

Dem Galadinner lebend entronnen, begeben wir uns vor das Hotel. Dort liegt laut Reiseprospekt der Strand in begehbarer Nähe. Aber tut er das tatsächlich?

> »Der Reisende kann Minderung verlangen, wenn die Wegstrecke zum Strand im Prospekt mit 850 Meter angegeben ist und diese tatsächlich 3,5 Kilometer beträgt. Dabei ist es unbeachtlich, wenn der Veranstalter darauf hinweist, die im Prospekt angegebene Entfernung sei die Luftlinie, da man nicht davon ausgehen kann, der Reisende könne zum Strand fliegen.«[11]

Das AG München spricht diese deutlichen Worte und erkämpft sich dadurch die juristische Lufthoheit im Gerichtssaal. Denn in der Tat, fliegen kann er nicht, der Reisende. Gut, zwar von München nach Mallorca, aber eben nicht vom Hotel zum Strand. Schon allein wegen des Gepäcks, das die Flugeigenschaften beeinträchtigt: Luftmatratze, Handtücher und vor allem Sonnenschirme. Denn dass die in ausreichender Zahl am Strand vorhanden sind, ist nicht gesichert, wie wir ebenfalls vom AG München erfahren:

> »Eine Minderung des Reisepreises ist berechtigt, wenn entgegen der Zusicherung, es seien genügend Sonnenschirme vorhanden, tatsächlich für 750 Betten nur 21 Schirme verfügbar sind. Außerdem wird durch den morgendlichen, aussichtslosen Kampf um einen der wenigen Schirme, insbesondere bei negativem Ausgang, die Urlaubsfreude getrübt.«[12]

Der negative Ausgang im aussichtslosen Kampf beschert uns einen gewaltigen Sonnenbrand. Mit diesem begeben wir uns in eines der 750 Betten, um in einem Mittagsschläfchen Kraft zu tanken. Kraft, die wir dringend benötigen, denn es hat sich hoher Besuch angemeldet:

> »Es stellt einen Reisemangel dar, wenn während eines Klubaufenthalts auch zwei Staatspräsidenten mit ihren Familien in dieser Klubanlage untergebracht sind und durch deshalb durchgeführte Sicherheitsvorkehrungen,

u.a. ein Kriegsschiff vor dem Strand und Hubschrauber über der Anlage, eine gewisse Unruhe und Angespanntheit auftritt. Dies berechtigt zusammen mit einem geringfügigen Ungezieferbefall in der Unterbringung zu einer Minderung des Reisepreises von 10 Prozent.«[13]

Da wäre nun kritisch nachzufragen, wie genau sich diese 10 Prozent zusammensetzen: 9 Prozent auf das Ungeziefer und 1 Prozent auf die Präsidenten? Oder eher umgekehrt?
Während wir noch grübeln, lichtet das Kriegsschiff den Anker, und die Hubschrauber drehen ab. Denn das Kampfgeschehen hat sich verlagert:

»Wird der Badeurlaub durch erheblichen Lärm eines in der Nähe gelegenen Truppenübungsplatzes und durch Fluglärm von Hubschraubern und Düsenjägern in geringer Höhe beeinträchtigt, ist die Reiseleistung mangelhaft. Durch Zünden von Sprengladungen und Schießen von Bodentruppen ist der Urlaubszweck, die Erholung, erheblich beeinträchtigt.«[14]

Sicherlich. Aber dafür kann der rückgekehrte Urlauber sich mit Soldaten auf Heimaturlaub über gemeinsame Erlebnisse an der Front austauschen.
Ermattet und mit einem starken Tinnitus vom Bombenlärm begeben wir uns in ein anderes Hotel. Wo indes bereits neue juristische Herausforderungen lauern.

5. Die Unterkunft

Was uns dort nämlich erwartet, ist das am schlechtesten ausgestattete Hotelzimmer der Tourismusgeschichte. Wir schauen in die Prozessakte des LG Frankfurt. Demzufolge hatte das Hotelzimmer

> »keine Heizung, keine Decken, keinen Kleiderschrank, kein fließendes Wasser, keinen Strom, keinen Stuhl, keinen Tisch, kein Bett sowie auch kein Fenster.«[15]

Wesentlich mehr KANN in einem Zimmer eigentlich nicht fehlen. Danach kommt als Steigerung eigentlich nur noch der luftleere Raum. Und wir sind uns einig: Da hätte man vor allem auch die TÜR weglassen sollen. Was tun in dieser Situation? Auf das Bett legen und heulen geht nicht, ist ja kein Bett da. Sich aus Verzweiflung aufhängen geht auch nicht, gibt ja auch keinen Stuhl. Am besten, man ruft nach dem Zimmerservice: »Bitte bringen Sie mir ein Zimmer.«

Während das angeliefert wird, sind wir sicherheitshalber nach Gran Canaria in einen Bungalow der unteren Mittelklasse umgezogen. Dort sind wir zwar vor Granatbeschuss vom Truppenübungsplatz sicher, nicht jedoch vor mathematischen Herausforderungen:

> »Bei einer Pauschalreise nach Gran Canaria mit Unterbringung in einem Bungalow der unteren Mittelklasse stellt es keinen Reisemangel dar, wenn sich circa 40-50

Katzen in der Feriensiedlung aufhalten, was 0,15 Katzen pro Bungalow entspricht.«[16]

Natürlich, 0,15 Katzen pro Bungalow sind einerseits nicht viel. Aber andrerseits macht das bei vier Bungalows bereits 0,6 Katzen, und bei acht Bungalows immerhin 1,2! Und 1,2 Katzen haben 10,8 Leben! Und was, wenn diese 1,2 Katzen ihre 10,8 Leben dazu benutzen, um sich zu verhalten wie folgender einzelner Esel?

»Ein einzelner Esel im Hotel stellt auch dann keinen Mangel dar, wenn der Esel im Hotel seine Notdurft verrichtet.«[17]

Das ist beachtlich, hatte doch eben das AG Mannheim geurteilt, dass bereits verschmutztes Besteck im Hotelrestaurant zu einer immerhin 10-prozentigen Reisepreisminderung berechtigt. Wenn dagegen ein Esel sich im Hotelfoyer entleert, dann drückt die Justiz beide Augen zu.

Gönnen wir dem Esel seine Notdurft. Gerade der in Einklang mit der Natur Reisende sieht gerne die Kreatur sich artgerecht verwirklichen. Der moderne Urlauber reist demutsvoll und nachhaltig. Gut, dass es Reiseveranstalter gibt, die sich ihrer Verantwortung für die Schöpfung bewusst sind und spezielle Reisen anbieten, in denen richtungweisende Akzente für die Entwicklung des Ökotourismus gesetzt werden:

»Hebt der Veranstalter in seinem Prospekt besonders hervor, dass bei der Hotelanlage auf einem ansonsten unbewohnten Atoll richtungweisende Akzente für die Entwicklung des Ökotourismus gesetzt werden, und wird dann Plastikabfall auf dem Atoll verbrannt und der andere Abfall im Meer versenkt, so berechtigt dies zu einer Minderung um 5 Prozent des Reisepreises.«[18]

Halten wir fest: Richtungweisende Akzente für die Entwicklung des Ökotourismus sind Plastikverbrennen und Müllversenken. Bevor es zu ökologisch richtungweisenden Atombombenversuchen kommt, verlassen wir das Atoll und begeben uns sicherheitshalber auf eine Rundreise. Da kann ja nix schiefgehen!

7. Rundreisen

Das Landgericht Düsseldorf teilt mit:

»Hat ein Reisender eine einmonatige Amerikarundreise mit landschaftlichen, städtebaulichen und historischen Höhepunkten gebucht, wobei seitens des Veranstalters ausdrücklich angepriesen wurde, dass es sich um eine Busreise ›unter der ausschließlich deutschsprachigen Betreuung eines qualifizierten Reiseleiters‹ handele, so stellt es einen Reisemangel dar, wenn der amerikanische Reiseleiter während der Reise überhaupt keine Erklärungen über Land und Leute abgeben kann und er selbst erklärt, er habe davon überhaupt keine Ahnung und er habe um Ablösung gebeten, dies sei aber abgelehnt worden.«[19]

Eine überzeugende Argumentation. Aber warum weiß der amerikanische Reiseleiter eigentlich überhaupt nichts über sein Land? Hat George Bernard Shaw recht mit seiner Aussage: »Ein 100-prozentiger Amerikaner ist ein 90-prozentiger Idiot?« Und was ist mit den restlichen 10 Prozent Idiotismus?

Schwere Frage, leichte Antwort: Die 10 Prozent Idiotismus waren gerade auf Rundreise in Vietnam und prozessieren nun vor dem AG Dortmund:

»Es stellt keinen Reisemangel dar, wenn ein vietnamesischer Reiseführer sich nicht zu den politischen Verhältnissen äußert.«[20]

Das muss nun wirklich ein sehr verschlossener Reiseführer gewesen sein! Bekanntlich zählt speziell in Vietnam die uneingeschränkte Meinungsfreiheit zum allerhöchsten Rechtsgut. Und besonders gern wird es von der Staatsmacht gesehen, wenn der Reiseleiter vor Ausländern über die Regierung herzieht. Mit klarem Blick für die Situation des Reiseleiters urteilt das AG Dortmund:

»In einem Land mit einem anderen politischen System ist es nicht ungewöhnlich, dass sich die Einheimischen aus Angst vor Repressalien nicht zur politischen Lage äußern.«

Behütete Rundreise durch eine Diktatur, und der Reiseführer redet sich nicht um Kopf und Kragen, also wenn das mal kein Reisemangel ist! Konkreter Gegenvorschlag: Vor Ort die Demokratie erkämpfen! Sich dem vietnamesischen Widerstand anschließen und in den Untergrund gehen. Die warten dort dringend auf deutsche Touristen. Denn das sind die wirklich harten Jungs:

Ein Abenteuerurlauber (!!) klagt, weil es im Hotel »nur eine Sorte Marmelade«[21] gab. So sind sie, die Leute, die die Gefahr suchen. Die mal an ihre Grenzen gehen wollen. Die alles riskieren für eine Handvoll Adrenalin. Die stehen dann morgens am Frühstücksbüfett und weinen. Weil es nur eine Sorte Marmelade gibt.

Wir weinen kurz mit, trocknen die Tränen und ziehen weiter zum AG Hamburg.

Wir wissen leider, leider, leider keine Details über diese Reise, wir kennen nur das Ergebnis: Dem Kläger gelang es nach eigenen Angaben erst einen Tag vor Ende seiner immerhin 14-tägigen Reise, mit seiner Reklamation zum Reiseleiter durchzudringen. Die Tage davor sei ihm dies unmöglich gewesen, da der Reiseleiter rund um die Uhr von anderen reklamierenden Gästen umlagert war. Der Urlauber hätte sich ansonsten stundenlang in die Reklamations-Schlange anstellen müssen.[22]

Diese Reise müssen wir uns als wirklichen Volltreffer vorstellen. Vom ersten Tag an nur Wut und Zerknirschung bei allen Beteiligten. In höchster Erregung eilt man zum Reiseleiter, wird aber 30 Meter vor dem Büro gestoppt. Denn hier beginnt die Reklamations-Schlange. Was genau alles vor dem Reiseleiter reklamiert wurde, wissen wir nicht. Aber wir müssen hier nun ohnehin eine kurze Pause machen. Zu viel Reiserecht zerstört den Glauben an den Menschen als vernunftbegabtes Wesen. Als Autor ist man für den Leser letztlich verantwortlich, wie der Arzt für den Patienten. Eine zu hohe Dosierung kann verheerende Folgen haben. Und mehr als 20 Seiten Reiserecht verträgt ein gesunder Organismus einfach nicht. Wir schließen den Reisekoffer, stellen ihn in ein Zimmer ohne Bett, Schrank, Stuhl, Tisch und Fenster, lassen die gewaltbereite Ziege darüber wachen und machen erst mal einen Erste-Hilfe-Kurs.

EINER FLOG ÜBER DEN ERSTE-HILFE-KURS

Immer wieder kommt es in der juristischen Praxis zu unvorhergesehenen Zwischenfällen. Wenn zum Beispiel der eigentlich schon glasklar gewonnene Prozess auf der Zielgeraden doch noch mit Pauken und Trompeten verloren wird. Beim Mandanten ist das Haus weg. Die Jacht weg. Der Hund weg.

Der versierte Anwalt zeigt sich für derlei Situationen indes gewappnet. Hier die wichtigsten Sofortmaßnahmen:

1. Die stabile Seitenlage

Der Anwalt kniet sich neben den in Ohnmacht gefallenen Mandanten, dreht ihn auf den Rücken, streckt seine Beine und winkelt den nahen Arm nach oben.

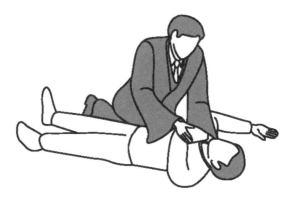

Der Anwalt beugt den fernen Arm vor die Brust und legt die Handfläche des ohnmächtigen Mandanten an dessen Wange.

Jetzt wird der vom Anwalt abgewandte Oberschenkel des Mandanten gebeugt. Der Anwalt kann den Mandanten nun zur Seite drehen.

Nun wird der Kopf des Mandanten nach hinten geneigt, damit die Atemwege frei bleiben. Der Mandant ist nun in einer stabilen Seitenlage.

2. Der Rettungsgriff

Der sogenannte Rautek-Griff dient dazu, Mandanten schnell aus dem Gerichtssaal zu entfernen – vor allem, wenn der Mandant schwerer ist als der Anwalt. Dazu fasst der Anwalt unter den Nackenbereich des Mandanten …

... und bringt ihn zum Sitzen.

Dann greift der Anwalt unter die Arme des Mandanten und zieht ihn im Rückwärtsgang aus dem Gerichtssaal.

3. Die Wiederbelebung

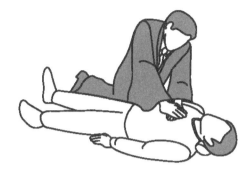

Der Anwalt beugt den Kopf des Mandanten nach hinten und hebt gleichzeitig das Kinn.

Der Anwalt legt seine Lippen auf die des Mandanten und beatmet ihn, bis der Mandant wieder selbst atmet. Nun kann ihm die Rechnung präsentiert werden. Nach der daraufhin einsetzenden Ohnmacht wieder von vorne beginnen (siehe oben: 1. Die stabile Seitenlage).

Die geschilderten Hilfsmaßnahmen sind dringend zum Bestandteil jeder juristischen Ausbildung zu machen. Die

Prüfungen sollten daher neben dem Ersten und Zweiten Staatsexamen auch das erfolgreiche Absolvieren eines Erste-Hilfe-Kurses für Juristen umfassen.

KAPITEL 5

EINER FLOG ÜBERS REISERECHT – TEIL ZWEI

Zurück zum Reiserecht. Was bisher geschah: Ein Mann wurde nach der Trennung von seiner Ehefrau nervlich extrem angespannt, musste dennoch verreisen, saß zwei Wochen wegen der Reisegepäckversicherung auf seinem Koffer, wurde dann vom Truppenübungsplatz nebenan mit Granatwerfern aus seiner Lethargie gerissen, im Hotelfoyer von einer Ziege umgerannt, die hiervon selbst von 0,15 Katzen nicht abgehalten werden konnte, wurde anschließend in aggressiver Form zur Teilnahme am Galadinner gezwungen und entging auf einem Atoll letztlich nur knapp diversen, ökologisch richtungweisenden Atombombenversuchen. Derzeit steht unser Reisender in einer 30 Meter langen Schlange vor dem Reiseleiter, um mit seiner Beschwerde durchzudringen. Wir verkürzen die Wartezeit mit weiteren Höhepunkten aus dem Reiserecht.

Wir starten beim Landgericht Frankfurt, dem wir folgenden Leitsatz verdanken:

»Ist in einem Hotelkomplex statt zweier Bars nur eine geöffnet, kann nicht auf Minderung geklagt werden, da sich der Gast ohnehin nur an einer Bar aufhalten kann.«[23]

Hieraus spricht nicht nur ein hohes Maß an Lebenserfahrung, sondern auch profunde Kenntnis der katholischen Glaubenswelt. Denn das Phänomen der Bilokation, also das gleichzeitige Auftreten einer Person an verschiedenen Orten, ist nur hohen katholischen Heiligen möglich, nicht hingegen deutschen Pauschalreisenden. Wobei selbst katholische Heilige bislang noch nie gleichzeitig an zwei *Hotelbars* gesichtet wurden.

Während wir an der Bar verweilen, kommen wir ins Gespräch mit zwei entrüsteten Ehepaaren. Beide klagen erfolglos vor dem Amtsgericht München. Das eine Paar wegen »geringer Wassertiefe bei Ebbe«[24], das andere, weil es »in der Hotelsauna nackten Menschen«[25] begegnete.

Also das sind so Klagen, die deutlich machen, dass es dringend überlegenswert wäre, im Reiserecht einen Sanktionskatalog aufzustellen. Vergleichbar der Flensburger Kartei. Wer vorsätzlich sinnlos klagt, kriegt drei Punkte in der Urlaubssünderkartei. Und ab 15 Punkten ist der Reisepass weg.

Speziell vor allem dieser Reisepass: eine Erdkundelehrerin klagt wegen »zu schnellem Sonnenuntergang auf Mauritius«.[26] Geplant war seitens der Pädagogin ein romantisches Versöhnungs-Abendessen mit ihrem Gatten, doch dann ging plötzlich die Sonne unter!

Was angesichts der Äquatornähe niemanden mehr überraschen kann als eine Erdkundelehrerin. Es stellt sich die Frage: Was macht ein Reiseveranstalter gegen zu schnellen Sonnenuntergang? Wir alle wissen: Der Einfluss eines Reisebüros auf die Neigung der Erdachse i s t beschränkt.

Was also tun? Standhalten oder flüchten? Und wenn schon flüchten, dann keinesfalls vors Amtsgericht Aschaffenburg. Dort ist der Richter gerade »sprachlos«, denn vor ihm steht ein soeben aus Kenia rückgereistes Ehepaar und klagt nun auf Reisemangel »wegen Einheimischen am Strand«.[27]

Klage wegen ortsansässiger Bevölkerung im Urlaubsland! Das bringt natürlich automatisch 100 Punkte in unserer Reisesünderkartei, da sind jetzt also zwei Reisepässe lebenslänglich weg. Ultimativ und unwiderruflich eingezogen! Zusammen natürlich mit dem Pass dieses Reisenden: Klage wegen »mangelnder Lebensgefahr«.[28]

Der Kläger macht geltend, es habe während seines Abenteuer-Urlaubs »keine einzige lebensbedrohliche Situation« gegeben, weswegen er 40 Prozent des Reisepreises zurückhaben möchte.

Und das sind genau die Prozesse, wo viele Richter sich sagen: Exakt dafür hab ich 14 Semester Jura studiert! Damit dann ein rechtsschutzverblödeter Dummdösel kommt und prozessiert, weil er im Urlaub nicht gestorben ist.

Es gibt Prozesse, da gibt der Richter vor der Verhandlung beim Gerichtsdiener den Autoschlüssel ab, weil er weiß, nüchtern übersteht er DAS nicht!

Wenn Sie im Gerichtssaal hin und wieder so ein leichtes Summen hören, das ist nicht die Klimaanlage. Da ist unter dem Richtertisch das Kühlaggregat der Minibar angesprungen.

Soweit dieser kurze Einblick in Reiserechtsexzesse made in Germany. Es drängt sich die Frage auf: Spinnt der Deutsche in Sachen Reiserecht ganz besonders? Blicken wir daher rasch hinüber ins befreundete Ausland.

Allerhand Narretei aus Österreich

Bekanntlich beneidet der Österreicher den Deutschen darum, dass der so ist, wie der Österreicher nie werden will. Im Reiserecht findet sich der Österreicher indes eingesperrt im Körper eines deutschen Prozesshansels. Begeben wir uns hurtig zum BGHS Wien, das für uns zunächst mal den Begriff eines »extra schönen Zimmers« definiert:

> »Ein extra schönes Zimmer muss sich durch die Größe, durch die Lage und durch die Ausstattung von einem normalen Hotelzimmer unterscheiden.«

Kein »extra schönes Hotelzimmer« fanden die Wiener Richter daher auf Ibiza vor:

> »Herabhängende Decken, Schimmel und Riss im WC, Tür mit herausstehendem Metallgriff, an dem sich der Urlauber verletzte, Matratzen wiesen Urinflecken auf, Balkontüre klemmte, kein Kühlschrank vorhanden, Zimmer lag über dem Lieferanteneingang, unter dem Zimmer wurde Mist gelagert.«[29]

Das ist wahrlich kein »extra schönes Zimmer«. Und wenn dann noch der Esel kommt und vor dem Bett seine Notdurft …Aber der Esel kommt ja nicht, sondern unangemeldeter Besuch:

> »Es ist kein Reisemangel, wenn ein Fremder unangemeldet das Hotelzimmer betritt, auf Zuruf erklärt ›Nix passiert‹ und das Zimmer wieder verlässt.«[30]

Da hatte sich also jemand in der Zimmertür geirrt, den Irrtum bemerkt und das Zimmer sofort wieder verlassen. Dies ist in Zeiten des Massentourismus ein sehr ernst zu nehmender Vorfall. Doch nur wenige bringen die Kraft und die Entschlossenheit auf, hierfür den Weg durch sämtliche Instanzen anzutreten. Wobei: Hatte sich hier vielleicht einfach ein »besonders ortskundiger Reiseleiter« gewaltig verlaufen? Nämlich dieser Herr hier:

> »Wenn der Reiseleiter im Katalog als ›besonders ortskundig‹ angepriesen wird, dieser aber mangels Ortskenntnis sich ständig verläuft, dann berechtigt dies zu 20 Prozent Minderung.«[31]

Wieso 20 Prozent Minderung? Ein Reiseleiter, der sich ständig verläuft, ist doch sehr lustig! Das schweißt eine Gruppe doch erst zusammen! Da entstehen Freundschaften fürs Leben! Italien-Reisegruppe Sommer 2012, gebucht für den Petersdom, gelandet an der Autobahnauffahrt A 1 – die Veteranen treffen sich alljährlich wieder. Flaggen werden gehisst, Vermisste geehrt … aber wir schweifen ab.

Kommen wir zurück zur Sache: Auch in Österreich ist das Reiserecht die Fortsetzung des Kindergartens mit juristischen Mitteln. Ganztägiges Programm: Kasperltheater. Wir schauen uns einzelne Darbietungen genauer an:

Klage wegen eines »5 cm langen Risses im Kopfkissen-Überzug«.[32] Ja, ein derart massiver Affront kann einem schon den Urlaub versauen. Mein Tipp wäre gewesen: Vom Zimmerservice einen neuen Überzug bringen lassen. Aber zum Anwalt rennen und vor Gericht ziehen ist natürlich auch nicht schlecht.

Klage, weil es »an der Hotelbar nur sechs verschiedene Getränke«[33] gab. Sicher, da hat jede Minibar deutlich mehr zu bieten. Andrerseits lässt sich auch mit lumpigen sechs verschiedenen Getränken eine respektable Dröhnung erzielen. In dieser Konfliktsituation erfreut das BGHS Wien mit seinem von feinem Humor durchzogenen Urteil: Reiseminderung um ein Prozent. Also 10 ‰! Folglich ist der Kläger letztlich doch in einem ordentlichen Promillebereich gelandet.

So nimmt der Wahnsinn seinen Lauf.

Klage weil »das Kinderbecken nur halb eingelassen war«[34], obschon es sich bei den Klägern um ein *kinderloses* Ehepaar handelt. Klage, weil die »Betreuung für die 9-jährige Tochter im MiniClub (3-6 Jahre) nicht deutschsprachig war«.[35] Klage, weil Reisende »beim Nachmittagsimbiss in Snackform keine Teigbällchen« erhielten.[36] Auch hier rufen wir entrüstet aus: Widerfuhr auch nur irgendeiner Kreatur auf Erden je größeres Unrecht?

Und dann auch noch das! Hotel in Griechenland: »Duschvorhangstange schief«.[37] Wir sind fassungslos! Und im Angesicht solch ungeheuerlichen Unrechts bedrängt uns einmal mehr die Frage: Warum tut Gott nichts?

Während also der Österreicher auf Reisen mindestens genauso deppert wie der Deutsche durch die Welt vagabundiert, erfreut uns der Schweizer mit angenehmer Zurückhaltung. Hierfür gibt es zwei Erklärungsmodelle:

Entweder er verreist einfach nicht, was aber nicht sein kann, wie wir einer Klage vor dem AG Frankfurt entnehmen:

> »Reisemangel wegen überwiegender Belegung des Karibik-Kreuzfahrtschiffes mit Schweizer Jodlergruppen«.[38]

Ein Vorfall, der höchstwahrscheinlich von Hollywood irgendwann verfilmt wird. Als letzter Teil von *Fluch der Karibik*. Oder aber der Schweizer ist im Urlaub belastbar. Zumindest habe ich auch nach gründlicher Recherche keinerlei verwertbare Literatur zu Schweizer Reiserechtsklagen entdeckt. Das deutsche Recht kennt die »Frankfurter Tabelle«, wo Reiseminderungen verbindlich aufgelistet sind. Das österreichische Recht hat die »Wiener Tabelle«. Im schweizerischen Recht gibt es nichts Derartiges. Warum? Ich vermute, der Schweizer ist einfach zu entspannt. Die dem Schweizer nachgesagte Langsamkeit ist im Grunde nichts als Nachdenken. (Schöner Scherz aus dem Berner Unterland: Wie bringt man einen alten Schweizer zum Lachen? Indem man ihm in seiner Jugend einen Witz erzählt.) Wer so veranlagt ist, der klagt nicht wegen fünf Zentimeter Riss im Kopfkissenbezug oder wegen sechs Getränken an der Hotelbar. Der geht aufs Kreuzfahrtschiff, jodelt fröhlich und lässt andere prozessieren.

Und das in einer Endlosschleife. Folgender, kapitale Fall, Tatort HG Wien: Nachdem ein Reisender mit seiner Reiserechtsklage scheitert, zündet er die nächste Stufe und klagt auf Reisepreisminderung wegen des »Aufwands für seine Reiserechtsklage«.[39]

Hier erleben wir jenen logisch finalen Dreisprung, der im juristischen Sturzflug endet:

1. Klage wegen Reisemangel.
2. Klage wird abgewiesen.
3. Klage auf Entschädigung für den Zeitaufwand wegen der abgewiesenen Klage.

Konsequent zu Ende gedacht ist diese Logik eine Bombe, die jedes Justizsystem zum Einsturz bringt: Die Reiserechtsklage als niemals endender Zirkelschluss. Mit jeder neuen abgewiesenen Klage eröffnet sich der nächste Klagegrund. Der Prozess als Ursache für einen Prozess. Ein Reisemangel ist ein Reisemangel ist ein Reisemangel. Katze verklagt Schwanz. Und Schwanz verklagt Katze. Der Schwanz die Katze, weil sie ihn gebissen hat. Und die Katze den Schwanz wegen des Aufwands für das Beißen.

Ist das noch Philosophie oder bereits Religion? Wir schauen kurz nach: Was sagt denn die Bibel zum Reiserecht?

Bibel und Reiserecht

Bevor wir zum Reiserechtsaspekt in der Bibel vorstoßen: Die Heilige Schrift hat für viele juristische Bereiche etwas zu bieten. Hierzu drei kurze Beispiele.

Es beginnt schon mit dem ersten Satz: »Im Anfang schuf Gott Himmel und Erde.« Ein Großprojekt, das heutzutage ohne vorhergehenden Stresstest niemals erlaubt werden würde. Und wenn überhaupt, dann nur nach vorheriger Schlichtung unter besonderer Berücksichtigung der Frage: Schadet die Schöpfung dem Juchtenkäfer?

Dann der Rauswurf aus dem Paradies, also die erste überlieferte Mietrechts-Kündigung, vermutlich wegen Eigenbedarfs.

Und kurz darauf erschlägt der minderjährige Kain seinen Bruder, wird dafür aber nur sehr geringfügig bestraft. Hier stoßen wir also auf erste Ursprünge des deutschen Jugendstrafrechts. Aber dazu später mehr. Nun zurück zum Thema Bibel und Reiserecht.

Betrachten wir hierzu die Bibel als Reiseprospekt für das Jenseits. Versprochen wird Folgendes: Sorgenfreie Aufnahme ins Paradies sowie ewiges Leben. Das klingt jetzt nach einer Non-stop-first-class-all-inclusive-Geschichte und wird daher immer noch sehr gern gebucht. Eben in der Hoffnung, dass der Veranstalter sich an die versprochene Leistung hält.

Sollte sich indes irgendwann herausstellen, dass nach dem Tod nichts kommt, ist der lang ersehnte Urlaub im Jenseits ein einziges Desaster! Paradies nicht wie im Prospekt beschrieben. Ewiges Leben findet gleich ÜBERHAUPT nicht statt! Ein Leben lang Kirchensteuer bezahlt, und dann das! Und natürlich keiner da, der zuständig ist!

Schon Jesus bei seiner Reise auf Erden rief in höchster Not: »Mein Gott, mein Gott, warum hast du mich verlassen?« Bekanntlich hat der Herrgott nicht geantwortet. Und das kennt eben jeder Reisende, der knietief in der Misere steckt. Wer sich nicht meldet, das ist die Reiseleitung. Und damit das jeder Urlauber jederzeit nachlesen kann, liegt bis heute in jedem Hotelzimmer eine Bibel.

Wir beenden das Kapitel Reisen, packen den Koffer und fahren wieder heim.

Der Urlaub ist beendet. Es muss wieder gearbeitet werden. Steuerpflichtig selbstverständlich.

KAPITEL 6

EINER FLOG ÜBERS STEUERRECHT

Das Recht ist letztlich nur ein Brühwürfel aus Sitten, Gebräuchen und Wertvorstellungen einer Gesellschaft. Und die schreckt selbst nicht vor dem gröbsten Unfug zurück. Wer sich näher damit beschäftigen möchte, zu welchen Absurditäten das Recht in der Lage ist, der begebe sich rasch ins Mittelalter. Blicken wir zurück auf den 2. Mai 1520. Ort der Handlung ist das Städtchen Glurns im westlichen Südtirol. Es ist 10 Uhr morgens, und vor den Toren der Stadt wird ein schweres Verbrechen verhandelt. Die Anklage lautet auf Verheerung von Ackerland. Angeklagt sind die dort wohnhaften Feldmäuse. Das Gericht setzt sich zusammen aus Richter Conrad Sperger und elf Geschworenen. Zwar wurde den Feldmäusen ein Verteidiger zugesprochen, doch auch der kann nicht die Höchststrafe verhindern: die Verbannung. Den Feldmäusen wird eröffnet, dass sie binnen 48 Stunden das Feld zu räumen haben. Andernfalls droht Exkommunizierung (obschon sie nicht getauft sind). Dem Verteidiger gelingt es allerdings, noch etwas für seine Mandanten herauszuschlagen: Junge und schwangere Feldmäuse erhalten eine Fristverlängerung um weitere 48 Stunden.

Was uns heute anmutet wie ein Sketch aus *Monty Python's Flying Circus,* war dem Mittelalter tiefer Ernst. Engerlinge wurden vor Gericht geladen, Maikäfern wurde der Prozess gemacht, Schweine in U-Haft genommen. Es war die Zeit des totalen Rechts-Unfugs – um bei Monty Python zu bleiben: die Zeit der Ritter der juristischen Kokosnuss –, eine Zeit, in der als Höhepunkt einem Heiligen nachgesagt wurde, er habe einen eingelegten Hering wieder zum Leben erweckt, welcher daraufhin tief gläubig geworden sein soll (das wäre ich an dessen Stelle allerdings auch).

Was an der juristischen Farce in Südtirol bis heute allerdings im Prinzip Bestand hat: Die gesamte Verhandlung gegen die angeklagten Feldmäuse erfolgte auf Latein. Mithin in einer Sprache, die die gemeine Feldmaus nicht einmal im Ansatz beherrscht. Vergleichbares ereignet sich bis heute. Und das bringt uns zum Steuerrecht.

Ankläger an Feldmaus: »*Confessus pro iudicato habetur!*«[40]
Steuerrecht an Steuerzahler:

»Die für die außerordentlichen Einkünfte anzusetzende Einkommensteuer beträgt das Fünffache des Unterschiedsbetrags zwischen der Einkommensteuer für das um diese Einkünfte verminderte zu versteuernde Einkommen und der Einkommensteuer für das verbleibende zu versteuernde Einkommen zuzüglich eines Fünftels dieser Einkünfte. Ist das verbleibende zu versteuernde Einkommen negativ und das zu versteuernde Einkommen positiv, so beträgt die Einkommensteuer das Fünffache der auf ein Fünftel des zu versteuernden Einkommens entfallenden Einkommensteuer.«[41]

Zwischen beiden Vorgängen liegen 500 Jahre. Aber wo ist der Unterschied?

Eine Steuerberaterin hat mir diesen ominösen Paragrafen zugesandt, verbunden mit dem Hinweis, das sei »das Blödeste, was es im Steuerrecht gibt«. Frage: Wird ein Steuerberater bei solchen Paragrafen komplett wahnsinnig oder nur zu einem Fünftel?

Gestandene Steuerberater stehen fassungslos vor gesetzgeberischer Anti-Materie und verzweifeln daran. Es ist ja nichts Neues, wenn der Laie Gesetze nicht versteht. Aber dass selbst Profis resignativ das Handtuch werfen – wer soll denn dann überhaupt noch durchblicken?

Und selbst wenn man einen Steuerparagrafen versteht, so bleiben dennoch Fragen:

»Sind in dem zu versteuernden Einkommen außerordentliche Einkünfte enthalten, so kann auf Antrag der Teil des außerordentlichen Einkommens, der den Betrag von 5 Millionen nicht übersteigt, nach einem ermäßigten Steuersatz bemessen werden, wenn der Steuerpflichtige dauernd berufsunfähig ist.«[42]

Gerade die Berufsunfähigen unter meinen Lesern sollten also dringend darauf achten, dass sie nicht mehr als 5 000 000 Euro an außerordentlichen Einkünften haben. Weil ja alles darüber steuerlich nicht ermäßigt wird. Ich meine, berufsunfähig zu sein ist ja bereits ein schweres Schicksal, aber dann auch noch das! Da hat man als Berufsunfähiger gerade mal 10 Millionen nebenher erwirtschaftet, kriegt aber nur für die Hälfte den ermäßigten Steuersatz!

Wo ist der Sinn dieses Paragrafen? Einem Berufsunfähigen einen Steuernachlass zu geben ist ja nachvollziehbar. Aber warum bis zu Einkünften von immerhin 5 Millionen? Selbst den eher seltenen Fall vorausgesetzt, dass ein Berufsunfähiger mehr als das nebenher verdient, warum soll er die dann nicht korrekt versteuern müssen? Auch mit ordentlich versteuerten Millionen lebt der Berufsunfähige wesentlich entspannter als der Berufsfähige mit Durchschnitts-Einkommen.

Viel ist über das deutsche Steuerrecht geschrieben worden. Es kursieren Gerüchte, dass 90 Prozent des Welt-Paragrafenaufkommens aus dem deutschen Steuerrecht bestehen. Das klingt jetzt eher negativ. Versuchen wir daher, es positiv zu sehen: Das deutsche Steuerrecht ist das Amazonasbecken der Juristerei. Die Lebensbedingungen für Paragrafen sind optimal. Sie entstehen praktisch aus dem Nichts und nahezu täglich neu. Im undurchdringlichen Gestrüpp des steuerlichen Paragrafendschungels wachsen und gedeihen Vorschriften in bislang noch nicht gekannter Vielfalt.

Die kambrische Explosion, in der vor 540 Millionen Jahren im erdgeschichtlich eher kurzen Zeitraum von 10 Millionen Jahren geschätzte 1,3 Millionen Tierarten entstanden, verblasst gegenüber dem deutschen Steuerrecht. Denn hier entstanden in gerade mal 60 Jahren insgesamt 33 000 Paragrafen. Und was dem Kambrium das extrem feuchtwarme Klima, das ist dem deutschen Steuerrecht der extrem fleißige Finanzausschuss des Deutschen Bundestags.

Jedoch, die Evolution schreitet bekanntlich unermüdlich voran! Anpassung an die Widrigkeiten der Umwelt lautet die evolutionäre Zauberformel. Gegen hohe Sonnenstrahlung reagiert die Evolution mit stärkerer Pigmentierung, gegen Kälte mit dickerem Fell. Es ist daher zu erwarten, dass der menschliche Körper auch gegen Steuerbelastung Abwehrmaßnahmen erfindet.[43] Wir können davon ausgehen, dass unser Körper bereits in naher Zukunft eine Drüse entwickelt, die eine Art Anti-Finanzamt-Enzym in den Hypothalamus ausschüttet. Sobald die Steuerbelastung über 60 Prozent steigt, produziert die Drüse einen Botschafterstoff, der den Körper daran hindert, weiter einer steuerpflichtigen Arbeit nachzugehen. Der Organismus flüchtet dann, hormonell gesteuert, in Schwarzarbeit, bis ein Steuersatz von unter 60 Prozent erreicht wird. Erst dann ist dem Körper eine steuerpflichtige Arbeit wieder möglich. Der Mensch selbst ist hiergegen machtlos, es ist ein Überlebensreflex, vergleichbar dem Fluchtreflex vor einem Monster, das danach trachtet, den Menschen aufzufressen. Also in unserem Fall eben das Finanzamt. Es muss einen Punkt geben, an dem es das Hirn als sinnlos empfindet, ständig Befehle wie AUFSTEHEN und ARBEITEN zu geben, wenn der überwiegende Teil des verdienten Geldes dann beim Finanzamt landet. Es widerspricht dem Geist der Evolution, dass ein Lebewesen sich anstrengt, ohne Lohn zu erhalten. Wenn eine Katze sechs Stunden vor dem Mausloch sitzt, endlich die Maus fängt und dann eine größere Katze kommt, die ihr mehr als die halbe Maus wegnimmt, jagt die Katze fortan in Gefilden, wo die größere Katze nicht hinschaut.

Oder sie sucht sich Katzen, die nicht hinschauen wollen. Die findet sie beim Landgericht Augsburg. Folgender Fall: Das Gericht verurteilt einen Angeklagten wegen Steuerhinterziehung in Millionenhöhe zu einer Freiheitsstrafe von zwei Jahren, die Strafe wird allerdings zur Bewährung ausgesetzt. Begründung: Strafmildernd wirke sich aus, dass der Steuerhinterzieher nicht noch weitere Steuern hinterzog, obwohl er hierzu die Gelegenheit hatte. Respekt! Mutig beschreitet das Landgericht den Weg zu einer Revolution im Rechtsgedanken: Wer ein Verbrechen begeht, es bei dieser einen Tat aber belässt, bekommt hierfür mildernde Umstände.

Das lässt aufhorchen! Und begleiten wir diesen Rechtsgedanken palliativ rasch zu Ende: Strafmildernd wirkt sich demzufolge aus, dass ein Bankräuber nicht noch eine Bank überfallen hat. Statt fünf Jahren Haft für den Überfall auf die Volksbank nur drei Jahre, weil der Bankräuber nicht auch noch die Kreissparkasse überfallen hat. Der unterlassene Überfall auf die Commerzbank bringt weitere 12 Monate Straferlass, ebenso, dass die Deutsche Bank nicht gestürmt wurde. Rechnet man nun noch die nicht getätigten Überfälle auf Kaufhäuser, Einzelhandel und Tankstellen mit ein, dann steht am Ende dieser juristischen Höchstleistung nicht die 5-jährige Haftstrafe für Banküberfall, sondern das Bundesverdienstkreuz am Bande für unterlassene Straftaten. Die höchste Auszeichnung, die die juristische Realsatire zu vergeben hat. Dies ist ein großer Moment in der deutschen Rechtsprechung. Bitte erheben Sie sich und spenden Sie reichlich Applaus. Einem Kriminellen ist es hoch anzurechnen, dass er nur gegen *einen* Paragrafen des StGB verstoßen hat und nicht auch noch gegen die restlichen 357.

Da ist es fast schon schade, dass der Bundesgerichtshof in der Revision dieses bahnbrechende Urteil zu Fall gebracht hat.[44]

Wir verharren nur sehr kurz in tiefer Dankbarkeit, denn wir müssen dringend weiter, nämlich nach Offenbach zur »terroristischen Dackelvereinigung«.

EINER FLOG ÜBER DIE TERRORISTISCHE DACKELVEREINIGUNG

Großartiges vernehmen wir aus dem Landesarbeitsgericht Mainz.⁴⁵ Das Gericht tritt an, um folgende Frage juristisch abzuklopfen: War es denn rechtens, dass einem Chirurgen gekündigt wurde, weil er während seiner Operationen regelmäßig minutenlange Privatgespräche mit dem Handy führte?

Zeugenaussagen hatten ergeben, dass der Chirurg bei Operationen häufig mit seiner Frau telefonierte – unter anderem »über einen Fliesenleger«. Währenddessen lagen die Patienten in Narkose, in manchen Fällen war das Operationsfeld bereits geöffnet. Hier sagt uns ein Gefühl aus dem geöffneten Bauch heraus, da sollte ein Chirurg eher nicht telefonieren! Das Telefonat am offenen Patienten ist prinzipiell abzulehnen.

Dunkel dräut in unserem Gedächtnis die Erinnerung an unseren letzten Krankenhausbesuch: War da nicht am Eingang dieses Schild: Handy-Benutzung verboten, weil das, wie man uns auf Nachfrage mitteilt, zum Absturz diverser medizinischer Geräte führen kann. Nun erfahren wir, dass selbst im OP-Saal kräftigst mit dem Handy telefoniert wird. Mit der Gattin. Übers »Fliesenlegen«.

Das sind unschöne Erkenntnisse! Da müssen doch mal Richter ran und sich der Entgleisung massiv entgegenstemmen. Weil die Gefahr besteht, dass das Handy mitsamt dem Operationsbesteck im Patienten vergessen wird. Und der Chirurg dann nicht rangehen kann, wenn der »Fliesenleger« zweimal klingelt.

Entsprechend mitfühlend kommt das LArbG Mainz daher zu dem Schluss, die Kündigung des Chirurgen sei zu verwerfen. Denn er sei wegen seines Alters von 50 Jahren »sozial schutzbedürftig«.

Gut, dass das mal jemand sagt! Denn was wir bei allem Bemühen um eine bessere Welt nur allzu oft übersehen, ist die soziale Schutzbedürftigkeit von über 50-jährigen Chirurgen, die während der OP am geöffneten Patienten telefonieren. Vorbildlich, dass das LArbG Mainz hier mahnend den Finger nicht nur erhebt, sondern auch in die geöffnete Wunde des Narkose-Patienten legt. Und zwar unbeirrt davon: »Mehrmals unterbrach der Mediziner nicht einmal seine Telefonate, als ihm die Anästhesistin zurief, der Blutdruck eines Patienten sei ›im Keller‹.« Ja und? Hat denn die Anästhesistin kein Handy, um den Notarzt zu rufen? Sie muss doch sehen, dass der Chirurg gerade Wichtigeres zu tun hat! Er telefoniert mit seiner Frau über den »Fliesenleger« …

Dieses Urteil muss Konsequenzen haben! Nämlich die serienmäßige Ausstattung unserer Operationssäle mit Freisprechanlagen, damit der Chirurg beim Telefonieren beide Hände frei hat.

Vom närrischen Mainz nun nach Leipzig ans dortige Landgericht und zur dortselbst angesiedelten Interpretation der richterlichen Unabhängigkeit.

Die richterliche Unabhängigkeit ist ein hohes Gut. Gut vor allem für den Richter.

Die Unabhängigkeit hat allerdings den schwerwiegenden Nachteil, dass das Urteil des Richters in der nächsten Instanz überprüft werden kann. Sofern es denn ein Urteil gibt!

Richtig richterlich unabhängig ist der Richter, wenn er überhaupt kein Recht spricht. Sich einfach mal ein paar Jahre Zeit lässt. Liegen lassen! Mal ausgiebig drüber schlafen. Keine Instanz der Welt kann ein Urteil aus der Welt schaffen, das noch gar nicht gesprochen wurde. Der richterlich unabhängige Richter spricht daher nach dem Prozess kein Urteil, sondern lehnt sich entspannt zurück. Wie zum Beispiel Richter T. vom Landgericht Leipzig, ein extrem unabhängiger Richter. Den schauen wir uns mal näher an, denn er wird vom Arbeitsgericht Leipzig dienstlich beurteilt:[46]

Richter T. hat innerhalb von vier Jahren stattliche 185 Urteile nicht vorschriftsmäßig innerhalb von drei Wochen bearbeitet. Im Einzelnen:

Für insgesamt 78 Entscheidungen brauchte er mehr als vier Monate. Für 34 weitere Urteile nahm er sich mehr als fünf Monate Zeit, teilweise sogar mehr als eineinhalb Jahre. Für zwei Entscheidungen ließ er sich zwei Jahre und acht Monate Zeit. Und für zwei weitere sogar zwei Jahre und neun Monate.

Eine Erkrankung des Richters lag nicht vor.

Das Dienstgericht beim Bundesgerichtshof hat mit derlei Arbeitsverweigerung keine Probleme. Stattdessen verteidigt es Richter T.: Dem – sagen wir es, wie es ist – faulen Sack seine Faulheit vorzuwerfen sei »eine Beeinträchtigung der richterlichen Unabhängigkeit«. So das Urteil vom 4.6.2009.

Das wäre nun ein schöner Anlass, die richterliche Unabhängigkeit neu zu definieren. Diese Arbeit übernimmt Richter T. indes selbst: Zum Weihnachtsfest 2010 übermittelt der sächsische Ministerpräsident Stanislaw Tillich in einem Rundschreiben frohe Wünsche an alle Richter, Beamte und Angestellte des Landes Sachsen, und zwar mit der Anrede »Liebe Mitarbeiter, liebe Mitarbeiterinnen«. In Richter T. entflammt spontan ungeahnte Aktivität. Er zieht vor das Verwaltungsgericht, weil er nämlich RICHTER sei. Die Anrede »Mitarbeiter« verletze seine »richterliche Unabhängigkeit«.[47]

Da wollen wir doch hoffen, dass Richter T. alsbald einen Gerichtsbeschluss erhält. Nach seiner Zeitrechnung also in frühestens zwei Jahren und neun Monaten.

Dies war ein Richter, der sich auf seinem weiteren Berufsweg fraglos mit schlafwandlerischer Sicherheit bewegen dürfte. Aber es gibt auch die andere Seite! Die richtig guten Richter. Auch von diesen Helden der Justiz muss hier die Rede sein. Denn immer wieder kommt es zu Prozessen, die Richter an den Rand des Wahnsinns treiben. Im folgenden Urteil verschafft sich ein Richter mal rechtschaffen Luft.

Wir stoßen daher im Urteil auf einige (vom Autor hervorgehobene) Formulierungen, denen wir ansonsten in Gerichtsurteilen eher selten begegnen. Hier das Urteil im Originaltext:

»AG Offenbach a.M.: Beißende Rauhaardackel keine terroristische ›Dackel–Vereinigung‹[48]
Zum Sachverhalt:
Der Kl. begehrt von der Bekl. Schadenersatz und Schmerzensgeld. Hierzu trägt er vor, von den drei Rauhaardackeln der Bekl. gebissen worden zu sein. Die Bekl. wendet ein, eine Tierhalterhaftung scheide aus, weil der Kl. einen der Dackel zuvor getreten habe, sodass sich die anderen Tiere, die Tochter und Enkelin der getretenen Tiermutter seien, im Wege der ›Nothilfe‹ veranlasst gesehen hätten, ihrer Dackelverwandten zu helfen. Mit Beschluss vom 22.4.2002 hat das Gericht auf Folgendes hingewiesen:

I. Die Parteien werden darauf hingewiesen, dass dieses **absolut ätzende ›Horrorverfahren‹** bereits seit mehr als 1½ Jahren das AG beschäftigt und sämtliche Dimensionen eines amtsgerichtlichen Verfahrens sprengt; der Umfang von bisher 240 Seiten übersteigt schon ein normales OLG-Verfahren; die Parteien reichen ständig neue Schriftsätze ein, insoweit steht es inzwischen 16:11 für den Kl. Dadurch wird dem Gericht jede Möglichkeit einer endgültigen, zeitaufwendigen Durcharbeit dieser **entsetzlichen Akte** und für die Absetzung einer

Entscheidung genommen. Da die Sache nun wahrlich exzessiv ausgeschrieben ist, **wird höflich darum gebeten, von weiteren Schriftsätzen Abstand zu nehmen,** mit Ausnahme von konstruktiven Vergleichsvorschlägen, die allein noch sinnvoll wären. (...)«

Die Klage hatte teilweise Erfolg:

»Die Bekl. haftet als Tierhalterin gem. § 833 BGB auf Schmerzensgeld in der zuerkannten Höhe, weil zwischen den Parteien nicht ernsthaft im Streit ist, dass einer der Rauhaardackel der Bekl. den Kl. gebissen hat. Das Gericht lässt es hier ausdrücklich offen, ob die drei Rauhaardackel möglicherweise als Mittäter gemäß vorgefasstem Beißentschluss gemeinschaftlich gehandelt haben, dies ist jedenfalls nicht Streit entscheidend. So scheidet jeweils eine **terroristische Dackel-Vereinigung** gem. § 129a StGB aus, weil keine der genannten Straftaten verwirklicht ist. Andererseits ist nicht zu verkennen, dass die Dackel insgesamt eine Großfamilie bilden, immerhin handelt es sich um Mutter, Tochter und Enkelin, es besteht also durchaus eine enge verwandtschaftliche Beziehung, der Solidarisierungseffekt ist groß. Das Gericht vermochte aber nicht mit hinreichender Sicherheit festzustellen, dass Dackeltochter und Dackelenkelin im Wege der **Dackel-Nothilfe** ihrer angeblich angegriffenen Dackelmutter bzw. -oma zu Hilfe kommen wollten, um diese vor den von der Bekl. behaupteten Tritten des Kl. mit beschuhtem Fuß zu schüt-

zen. Insoweit konnte auch kein – zwingend erforderlicher – Verteidigungswille bei den beiden jüngeren Dackeln festgestellt werden. Auch für Sippenhaftgedanken bzw. **Blutrache** haben sich keine genügenden Anhaltspunkte ergeben.
Bei der Bemessung der Höhe des Schmerzensgeldes hat das Gericht die im Aufnahmebericht des Stadtkrankenhauses Offenbach attestierten Verletzungen zugrunde gelegt. Diese sind allerdings nur als äußerst geringfügig anzusehen, sie hatten jedenfalls keine Folgen, sie bewegen sich im Bereich von **Bagatellen, so wie dieser gesamte spektakuläre, für die deutsche Rechtsentwicklung bedeutende Rechtsstreit** ja auch.«

Das ist fein geurteilt! Hut ab, Amtsgericht Offenbach!
Unspektakulär und gottlob ganz und gar unbedeutend für die deutsche Rechtsentwicklung ist hingegen folgender Beschluss vom 14.10.2011 des LG Bonn. Erfolgt in Sachen Kieferorthopädie:

»Es soll ein Sachverständigengutachten eingeholt werden. Der Sachverständige wird ermächtigt, die Klägerin zu untersuchen. Zum Sachverständigen wird bestimmt: Prof. Dr. Dr. S., **Chefkoch** an der Klinik für Kieferchirurgie.«

Folgendes lässt sich auf Anhieb sagen: Die Klinik für Kieferchirurgie hat offensichtlich einen gewaltig überqualifizierten Chefkoch! Wenn schon der Chef*koch* drei akademische Titel hat, dann dürfte der Chef*arzt* mindestens Nobelpreisträger sein.

Wie kommt ein Gericht dazu, vom Chefkoch zu reden, wo ganz offensichtlich der Chefarzt gemeint war? Waren sämtliche Richter auf schwerster Diät und konnten nur noch an das eine denken? Und wie weit gehen hungernde Richter im Verlangen nach Essbarem? Wir schaudern: »Der Sachverständige wird ermächtigt, die Klägerin zu untersuchen.«

Eine bizarre Vorstellung: Die Klägerin sitzt zwecks Kieferbegutachtung in der Klinik. Dann kommt der Chefkoch. Und untersucht sie. Was hierbei und hernach geschah, erfragen Sie bitte diskret beim Landgericht Bonn. Unter Aktenzeichen 9 O 203711.

KAPITEL 8

EINER FLOG ÜBERS BESTATTUNGSRECHT

1. Sterben und Erben

Obschon es ihm unausweichlich ist, wird der Mensch nicht gern dahingerafft. Denn speziell der eigene Tod ist mit dramatischen Umstellungen in der persönlichen Lebensführung verbunden. Was vorher wichtig war, wird plötzlich extrem nebensächlich: Kontoauszug, Lottozahlen, Wetterbericht. Wichtige Termine müssen abgesagt, Friseurtermine verschoben werden. Über das Leben nach dem Tode ist nichts bekannt. Was es allerdings gibt, das ist das Loben nach dem Tode. Also die Beerdigung.

Der Gesetzgeber hat hier mit dem Straftatbestand »Verunglimpfung des Andenkens Verstorbener« einen völlig falschen Weg eingeschlagen. Wünschenswert wäre es, wenn speziell am Grab mal Tacheles geredet werden darf. Wer seine Zeit auf Erden nur dazu benutzt hat, um Nieder- und Zwietracht zu säen, der sollte vor einer entsprechend deutlichen Würdigung seiner Schandtaten nicht verschont werden, nur weil er in 2 Meter 50 Tiefe weilt.

Hier insbesondere ist der Hut zu zücken vor der Professionalität kirchlicher Fachkräfte. Was jeder aus seinem Beruf kennt, nämlich, dass man irgendwann laut aufschreit:

»Das ist ein Scheißladen hier! Ihr könnt mir alle mal den Buckel runterrutschen! Ich kündige!« – derlei Vorkommnisse sind von Beerdigungen bislang nicht überliefert. Der Pfarrer zieht den Karren durch, auch wenn der allseits bekannte Hurenbock in der Grabrede zum Apostel geadelt wird. Soweit zur Vorrede. Nun zur Sache.

Tote sind rechtlich problematisch. Vor allem, wenn sie aus dem Fenster fallen: Sagen wir, Sie wohnen im fünften Stock und legen einen Verstorbenen aufs Fensterbrett. Und zwar einen verstorbenen Österreicher. Denn in Österreich fällt eine Leiche unter das Sachenrecht und wird juristisch behandelt wie ein Blumentopf, ein Fernsehapparat oder was eben sonst noch so gelegentlich aus dem Fenster fällt. Stürzt daher ein LEBENDIGER Österreicher aus dem Fenster auf ein unten geparktes Auto, dann haftet er persönlich für den Schaden.

Fällt hingegen ein TOTER Österreicher aus dem Fenster, dann zahlt's die Haftpflichtversicherung.

Wenn sich also ein Österreicher am Fensterkreuz erhängt und anschließend der leblose Körper herabfällt, dann greift eindeutig ABGB § 1318: »Wird jemand durch das Herabfallen einer aufgehängten Sache geschädigt, so haftet derjenige, aus dessen Wohnung die Sache herabgefallen ist.« Österreich: Das Land, in dem das Herabfallen von Leichen gesetzlich geregelt ist.

Wie ist es in Deutschland? Nun, der Deutsche erhängt sich nur sehr ungern in der eigenen Wohnung, sondern bevorzugt im Wald. Wenn Sie also ein Skelett im Wald rumhängen sehen, dann dürfen Sie es auf keinen Fall mit nach Hause nehmen. Ein Skelett ist zwar im rechtlichen Zustand der Herrenlosigkeit, darf aber nicht mitgenommen werden. Alle anderen herrenlosen Dinge dürfen mitgenommen werden. Ein Skelett muss in die Pathologie, um bestimmte Merkmale des Verblichenen festzustellen: Alter, Geschlecht, Nationalität. Ja, sicher, man kann mittlerweile durchaus die Nationalität bestimmen. Sagen wir, auf der Pathologie liegen drei Skelette nebeneinander. Ein deutsches, ein amerikanisches, ein französisches. Dann sehen Sie sofort:

Das amerikanische Skelett ist in der Hüfte stark verbreitert. Das französische ist durchgehend eher schmal. Und das deutsche Skelett steht auf, wenn der Doktor reinkommt.

Unser Recht hat für ein Skelett einen eigenen Begriff geprägt. In Deutschland ist ein Skelett ein sogenannter »herrenloser Persönlichkeitsrest«. Zumindest laut Freiburger Friedhofsverordnung von 1972.

2. Das Bestattungsrecht

Das Bestattungsrecht in Deutschland ist föderal organisiert. Jedes Bundesland hat seine eigenen Regeln. Hier kurz die wichtigsten Unterschiede:[49]

Im *Saarland* muss ein amputiertes Bein verbrannt werden. In *Berlin* hingegen ist ein amputiertes Bein rechtlich einer Leiche gleichgestellt und darf daher auch bestattet werden.

Das Problem dabei ist: Sie können für das amputierte Bein zwar eine Grabstätte erwerben, aber Sie dürfen es nicht im Auto zum Friedhof fahren. Denn das amputierte Bein gilt rechtlich als Leiche, und die darf *nur* im Leichenwagen transportiert werden. In Deutschland reicht hierfür ein normaler Führerschein, in Österreich brauchen Sie dazu auch noch einen Lieferschein. Warum? Sachenrecht!

Für Bestattungen in Berlin außerdem wichtig ist § 7 Friedhofsordnung: »Künstler müssen den Anweisungen des Friedhofpersonals Folge leisten« sowie § 21: »Musiker und Sänger können von der Trauerfeier ausgeschlossen werden.«[50]

In *Bayern* darf gemäß § 6 Bestattungsordnung eine Person, die an einer ansteckenden Krankheit verstarb, nicht rasiert werden. In *Bremen* und im *Saarland* schon.

In *Baden-Württemberg* dürfen gemäß § 26 Bestattungsordnung Leichenreiniger nicht gleichzeitig im Friseurgewerbe tätig sein. In *Bayern* durchaus.[51]

In *Nordrhein-Westfalen* dürfen, im Gegensatz zum Rest Deutschlands, laut § 20 Bestattungsverordnung Skelette auch von einer unzuverlässigen Person befördert werden.

3. Das Testament

Folgende Situation ist bekannt: Zwischen zwei Herzinfarkten fällt einem brühwarm ein, Herrschaftssakrament, ich hab kein Testament! Eine einzige Tragödie, denn nur wer seine drei sich abgrundtief hassende Exfrauen in eine Erbengemeinschaft pfercht, kann wahrlich friedlich entschlafen. Was tun in dieser unbefriedigenden Situation? Für diesen Fall hat der Gesetzgeber vorgesorgt. Und zwar in Form des Nottestaments.

Ein Nottestament gilt drei Monate und Sie brauchen dazu unbedingt einen Bürgermeister, nämlich wegen § 2249.3: »Der Bürgermeister soll den Sterbenden darauf hinweisen, dass das Testament seine Gültigkeit verliert, wenn er den Ablauf der Frist überlebt.«

Das klingt nach ermunternden Worten am Sterbebett! Nichts wünscht der Sterbende dringlicher, als über gesetzliche Fristen informiert zu werden. Gerade im Angesicht des unmittelbar bevorstehenden Todes macht es durchaus Sinn, Wissenswertes über Verfallsdaten zu erfahren. So ist es beim Nottestament an Land. Das Nottestament auf See verfällt ebenfalls nach drei Monaten, außer es wird innerhalb dieser Frist erneut eine Seereise angetreten. Wobei das AG Hamburg darauf hinweist, dass eine kurze Vergnügungsfahrt mit dem Schiff *nicht* als Seereise gilt. Das Nottestament also bitte *vor* der großen Hafenrundfahrt machen. Sinkt während der Hafenrundfahrt das Schiff und der Leichnam wird nicht gefunden, dann greifen die Fristen des Verschollenheitsgesetzes. Wobei hier insbesondere postalisch zu beachten ist: Ein Verstorbener hat seinen Wohnsitz bei seiner Familie, ein Verschollener bei seiner Frau.

4. Wichtig: Das Haustier im Nachlass

Allzu oft wird das Haustier in seiner Eigenschaft als Erbe stark überschätzt. Aktiendepot, Immobilien, Goldbesitz – wie leicht stößt der als Gesamterbe eingesetzte Hamster hier an seine Grenzen! Bei den Aktien setzt er kein *stop-loss*, Immobilien kauft er in die Blase hinein, und beim Gold hamstert er. Gut, dass der Gesetzgeber dem Haustier als Nutznießer ererbten Vermögens enge Grenzen gesetzt hat.

Es muss hier mit einem Irrglauben aufgeräumt werden: Entgegen weitverbreiteter Ansicht ist es nicht möglich, sein Haustier als Erbe einzusetzen. »Waldi erbt das Haus, das Aktiendepot kriegt's Mohrle« ist als Testament alles andere als gerichtsfest.

Hier muss stets an einen Dritten eine konkrete Summe, sagen wir 10 000 Euro, vermacht werden, mit der Auflage, sich um Waldi zu kümmern. Wobei darauf geachtet werden sollte, dass für den Fall von Waldis Ableben der verbleibende Rest der Summe nicht an diesen Dritten fällt. Denn das senkt die Lebenserwartung Waldis beträchtlich.

Wird über Waldi im Testament nichts Spezielles über sein weiteres Wohl verfügt, dann wird er zum Teil des Gesamtnachlasses. Waldi wird dadurch – was ihm nicht sehr gefallen dürfte – zum »Nachlassgegenstand«. Was ihn indes wieder besänftigen wird: Er darf nicht unter der Erbengemeinschaft aufgeteilt werden, da seine »Teilung in Natur« sich gemäß § 752 BGB verbietet.

Kümmert sich ein Erbe um Waldi, *ohne* hierzu verpflichtet zu sein, dann dürfen die Kosten für das Hundefutter nicht von der Erbschaftssteuer abgesetzt werden. So urteilt, man lese und staune, der Bundesfinanzhof.[52]

Da ging unser treuer Waldi also durch Minimum vier Instanzen. Nun aber herrscht Rechtssicherheit, was noch den letzten Dackel ruhig schlafen lässt. Wir aber bekommen kein Auge mehr zu. Denn wir nähern uns einer höchst turbulenten Zone!

KAPITEL 9

EINER FLOG ÜBERS EU-RECHT

Derlei liest man immer wieder gerne! bild.de berichtet: »EU-Kommission bewilligt Witwe eines EU-Beamten Fahrstuhl in den Weinkeller.« Denn »wegen Knieebeschwerden« sei bei der Witwe eine »wirtschaftliche Notlage« gemäß Artikel 76a EU-Beamtenstatuts gegeben. Und daher ein Zuschuss in Höhe von 20 000 Euro angemessen. Das Problem bei dieser Meldung: Sie stimmt. Und sorgt daher speziell in jenen europäischen Gebieten, wo die Bevölkerung mehrheitlich ohne Bezuschussung für den Weinkellerfahrstuhl klarkommen muss, für leichten Unmut.

Es sind Meldungen wie diese, die nicht nur in wirtschaftlichen gebeutelten Regionen Irritation hervorrufen. Durchaus, des Europäers liebstes Feindbild ist die EU-Bürokratie in Brüssel. »Wahnsinn!«, »Ein Moloch!«, »Spinnen die?«, erschallt es aus all jenen Ecken, in die der lange Arm der EU-Gesetzgebung reicht. Harte Worte, die dringend mit der Faktenlage konfrontiert werden müssen. Schauen wir uns daher ein paar bemerkenswerte Leistungen der EU-Bürokratie an. Wir listen die Ergebnisse objektiv auf, prüfen gründlich, wägen sorgsam und kommen – ich darf es schon mal vorwegnehmen – zu dem Schluss: Wahnsinn! Ein Moloch! Spinnen die?

Wie gehen wir vor? So und nicht anders: Hans Magnus Enzensberger, der große alte Mann der EU-Verdrescherei, hat zum Weihnachtsfest 2012 in der *FAZ* einen Artikel veröffentlicht mit der Überschrift »40 Fragen zur Europäischen Union«. Passgenau zur Überschrift bestand der überaus gescheite Artikel aus 40 Fragen zur Europäischen Union, bei denen es nicht darum geht, dass sie beantwortet, sondern darum, dass sie einfach mal gestellt werden.
Zum Beispiel:
– Sind Sie in der Lage, Akronyme wie EZB, EFSF, ESM, EBA und IMF zu entziffern?
– Vermuten Sie, dass die meisten europäischen Länder seit geraumer Zeit nicht mehr von demokratisch legitimierten Instanzen, sondern von diesen Abkürzungen regiert werden?
– Sind Obdachlose, Fixer, Lohnempfänger oder Rentner nicht berechtigt, Finanzbedarf ›anzumelden‹, wohl aber Mitglieder der Eurogruppe, Bankvorstände und Fernsehintendanten?
– Können Sie sich mit der blühenden Metaphorik der Euro-Retter anfreunden, oder kommt sie Ihnen martialisch, konfus oder gar lächerlich vor?
– Sind Sie in der Lage, zwischen Schirmen, Hebeln, Bazookas, Dicken Berthas, Brandmauern und Hilfspaketen punktgenau zu unterscheiden?
– Verstehen Sie, warum die Europa-Politiker mit den Römischen Verträgen und dem Traktat von Maastricht so umgehen, als hätten sie diese Papiere nie unterschrieben?

Wir rufen: Chapeau, HME! (Wobei hier kein weiterer Rettungsschirm gemeint ist, sondern Hans-Magnus Enzensberger). Das sind gute Fragen! Diesen lassen sich spielend noch acht weitere hinzufügen:

1. Ist es für Sie nachvollziehbar, wenn der Europäische Gerichtshof ein grundvernünftiges Urteil kassiert, welches besagt, dass Stellenausschreibungen für EU-Beamtenstellen nur noch in Deutsch, Englisch und Französisch erfolgen müssen? Und stattdessen nun Stellenangebote in allen 23 EU-Amtssprachen auszuschreiben sind.
2. Sollte man diese Entscheidung dem Gerichtshof in allen 23 Amts- und Arbeitssprachen um die Ohren hauen?
3. Was halten Sie von dem EU-Programm »Justiz«, mit dem für 416 Millionen Euro bis zum Jahr 2020 insgesamt 20 000 Angehörigen der Rechtsberufe die Teilnahme an Fortbildungen zum EU-Recht finanziert werden sollen? Wieso macht die EU unverständliche Gesetze und schüttet dann 416 Millionen für Nachhilfeunterricht aus?
4. Was halten Sie von dem EU-Programm »Rechte und Unionsbürgerschaft«, ausgestattet mit 387 Millionen Euro, mit denen normalen Bürgern das EU-Recht verständlich gemacht werden soll? Wäre es nicht billiger, die EU würde Gesetze machen, die verstanden werden, ohne dass halb Europa zum subventionierten Jura-Pauken muss?

5. Was halten Sie von den allgemeinen »EU-Betriebsfeiertagen« zwischen Weihnachten und Neujahr, wodurch EU-Beschäftigte inklusive Reisetage, Feiertagsbrückentage und Familiensonderurlaub auf bis zu 85 Tage Urlaub im Jahr kommen?
6. Wieso haben EU-Beamte das Privileg, mit 55 in Pension gehen zu können, 10 Prozent von ihnen sogar bei vollen Bezügen?
7. Wie stehen Sie zum Plan der EU, ehrenamtliche Tätigkeiten auf acht Stunden monatlich zu begrenzen, wodurch europaweit das System der Freiwilligen Feuerwehr zum Erliegen käme?
8. Wieso bezuschusst die EU mit einem sechsstelligen Betrag eine Gratisausgabe von Kafkas *Das Schloß*, auf der bereits auf der ersten Seite folgende Rechtschreibfehler auftauchen: »Schne«, »kurze Zeit draauf«, »Mensh« und »Niemant«?

Ja wahrum nurr? Fraken üper Fraken! Wird hier schon insgeheim die nächste Rechtschreibreform vorbereitet?

Bis es so weit ist, stehen wir staunend vor dem gewaltigsten Gesetzeswerk der Menschheitsgeschichte: dem Acquis Communautaire, dem gesammelten Recht der Europäischen Union. Niemand hat diese Sammlung von Direktiven und Verordnungen je zur Gänze gelesen. Es umfasst derzeit – bei steigender Tendenz – 150 000 Seiten und wiegt circa tausend Kilogramm. Das ist überraschenderweise genau so viel wie ein ausgewachsenes Rindvieh.

Jeder Staat in der EU muss den Acquis Communautaire anerkennen, obwohl er seines Umfangs wegen unmöglich gelesen werden kann. Und selbst wenn er gelesen werden könnte, so leuchtet keineswegs spontan der Sinn ein, wie zum Beispiel in Verordnung Nr. 97-2010:

»Die Pizza Napoli ist eine kreisförmige Backware. Ihre Konsistenz muss insgesamt weich und elastisch sein und sie muss sich wie ein Buch zusammenklappen lassen.«

Aber da gilt es zu bedenken: Wer gezwungen wird, eine Pizza wie ein Buch aufzuklappen, der klappt irgendwie ein Buch zu und versucht, es zu essen! Eine Pizza *muss* sich zusammenklappen lassen. Immer und überall!

Die EU spricht mit einem moralischen Imperativ, als würde sie ihre Weisungen vom Herrgott persönlich empfangen. Wo Moses zum Berge Sinai emporstieg, um mit zwei Steintafeln wieder herabzukommen, da steigt die EU-Kommission hinauf zum Brüsseler Paragrafengipfel und kommt mit 150 000 Verordnungen wieder runter. Wo Moses simple Gebote überreicht bekam wie »Du sollst nicht begehren deines nächsten Weib«, da belehrt uns die EU mit scheinbar direkt vom Herrn stammenden Offenbarungen wie »Du sollst nur noch die Schweißnaht nach EU-Norm EN 1090 schmieden«. Mag das auch den griechischen Schmied vor schier Unmögliches stellen und den deutschen an den Rand des Ruins treiben: Der Herr hat's befohlen!

Die EU-Kommission entscheidet wie ein Konzern, der das Monopol auf das Produkt »Gesetze« hat. Es gibt innerhalb der EU-Gesetzgebung keine Gewaltenteilung, sondern nur einen bürokratischen Dschungel ohne nennenswerte Kontrolle durch Parlamente. Entschieden wird in den Hinterzimmern, mitsprechen dürfen die circa 5 000 Brüsseler Lobbyisten, aber keineswegs die 490 Millionen EU-Bürger. Als ob es in den vergangenen 200 Jahren keine Kämpfe um demokratische Mitsprache gegeben hätte. Kuhhandel statt Demokratie.

Und daher darf der Apfelwein nun nicht mehr Apfelwein heißen. Und Kondome, die 2 mm von der Durchschnittsnorm abweichen, sind des Teufels. Widerstand hiergegen ist zwecklos. Denn zwar wollen wir nicht ausschließlich Energiesparlampen – die EU macht's aber trotzdem. Auch wollen wir keine immer größeren Rettungsschirme – ist der EU aber egal.

Wir sollten daher einsehen: der Gegner ist stärker. Was sollen wir uns groß noch mit Widerstand herumschlagen? Finden wir uns, wie der machtlose Komapatient, damit ab, dass andere über unser Schicksal entscheiden. Und vertrauen wir darauf, dass man es letztlich ja nur gut mit uns meint. Schaffen wir die rechtlichen Voraussetzungen für betreutes Leben im EU-Raum, unterzeichnen wir DAS hier:

GENERALVOLLMACHT

Ich, der Unterzeichner/die Unterzeichnende,

....,

wohnhaft in

....

....,

erteile hiermit der EU-Kommission,
Rue de la Loi, B-1049 Brüssel,

die generelle Vollmacht, mich in allen juristischen Angelegenheiten zu vertreten.
Die EU-Kommission soll ebenso in allen persönlichen Angelegenheiten meine Rechte wahren, weil ich ihr vertraue. Ihre Rechtshandlungen sollen dieselbe Wirksamkeit haben, wie wenn ich sie selbst ausführen würde.

Die Vollmacht berechtigt insbesondere
1. zur Verwaltung meines Vermögens und zur Verfügung über meine Konten bei Banken und Sparkassen.
2. zur Vertretung in Renten-, Versorgungs-, Steuer- und sonstigen Angelegenheiten.
3. zum Abholen und Öffnen meiner Post.
4. zur Auflösung des Mietverhältnisses meiner Wohnung, wahlweise zum Verkauf meiner Wohnung oder meines Hauses.
5. Sollte der Umzug in ein Seniorenheim unvermeidlich sein, so möchte ich mit dem Verkaufserlös meines Inventars oder meiner Immobilie das Altersversorgungswerk für EU-Beamte unterstützen.
6. Im Falle meines Todes gebe ich meinen Körper zur Organtransplantation frei (bevorzugt an EU-Beamte).

....
Ort, Datum   Unterschrift

Neuerliche Verschnaufpause

Wir sind nun fast schon in der Mitte des Buches angelangt und gönnen uns eine kleine Verschnaufpause mit eher leichteren Themen und kleinen Persiflagen auf die Weltliteratur. Spezielle Vorkenntnisse sind nicht zwingend erforderlich. Wiewohl ganz prinzipiell gilt: Rudimentäre Spuren von Bildung erleichtern das Lesen. Auch ein gewisses Verständnis für Freude am Unfug macht die Lektüre der folgenden Seiten wesentlich erbaulicher.

EINER FLOG ÜBERS ORDNUNGSAMT

Der Jurist in der Weltliteratur

Zahllos sind die Werke, in denen große Literaten die Juristerei in den Mittelpunkt ihrer Schaffenskraft rückten. So entstanden Werke von unvergleichlicher Größe. Herausragend hierbei ist das Meisterstück *Der Jurist von Cantreville*, verfasst von einem Urenkel Oscar Wildes, nämlich Oscar Wilde III., der sein schauriges Lehrstück eng an *Das Gespenst von Canterville* seines Urgroßvaters anlehnte. Hier eine kurze Zusammenfassung:

Der Jurist von Cantreville

Als Mr. Hiram B. Otis, der amerikanische Gesandte, das im schönen Saarland gelegene Schloss Cantreville kaufte, sagte ihm ein jeder, dass er töricht daran täte, da dieses Schloss ohne Zweifel nur Unglück und Missgeschick brächte. Selbst Graf Cantreville, ein Mann von entwaffnender Ehrlichkeit, hatte es als seine Pflicht betrachtet, diese Tatsache Mr. Otis mitzuteilen, bevor sie den Verkauf abschlossen.

»Es haust nämlich im Keller des Schlosses ein alter Jurist«, so Graf Cantreville, »der sich ein lebenslanges

Mietrecht im Schloss erstritten hat und jeden Besitzer mit Mietrechtsklagen traktiert, dass es dem wahrhaftigen Teufel ein Wohlgefallen ist. Wir selbst haben nicht in dem Schloss gewohnt, seit meine Großtante einst vor Schreck in Krämpfe verfiel, als der Jurist ihr eine Reihe deutscher Mietrechtsurteile vorgelesen hat. Danach konnte die Großtante nachts nicht mehr schlafen vor lauter unheilvollen Gedanken.«

»Guter Mann«, erwiderte da Mr. Otis, »ich will das ganze Schloss mitsamt dem darin hausenden unguten Juristen kaufen, denn wir sind eine recht patente Familie.«

Wenige Wochen später war der Kauf abgeschlossen, und der Gesandte bezog mit seiner Frau, den Zwillingen Washington und Harry sowie der kleinen Tochter Virginia Schloss Cantreville.

Bereits am Morgen des nächsten Tages lag auf dem Boden der Bibliothek ein Schriftsatz, in dem der Jurist einen tropfenden Wasserhahn bemängelte und mit Mietminderung drohte.

»Nun, das ficht mich nicht an«, sprach unverdrossen Mr. Otis. »Das schaffen wir auch ohne Gerichte. Denn zum Glück gibt es MacPherseys-Universal-Do-it-yourself-Paket mit zwölf verschiedenen Dichtungsringen für alle Haushaltsprobleme!« Und im Nu war der Mangel behoben und der Schriftsatz in die gemütlich-lodernden Flammen des offenen Kamins geworfen.

Doch am nächsten Morgen lag auf dem Boden der Bibliothek ein neuer Schriftsatz: »Mieter verlangt Beseitigung von Ritzen zwischen den Bodendielen.«

»Nun, auch dies muss kein Fall für die Gerichte sein«, sprach Mr. Otis gelassen. »Denn es gibt ja Maxwells Instant-Bodenkitt.«

Gesagt, getan, und erneut wurde ein Schriftsatz zum Raub der Flammen.

Der alte Jurist hatte all dieses durch die Ritzen zwischen den Bodenleisten bis zu deren Beseitigung mit Befremden verfolgt. Er war verunsichert. Hatte er in den vergangenen Jahrzehnten nicht große Erfolge mit Mietrechtsklagen erzielt? Hatte nicht die alte Gräfin einen Herzinfarkt erlitten, als er einen Vorschuss für die Durchführung von Mängelarbeiten verlangt und vom LG Berlin recht bekommen hatte?[53] War nicht der Graf am Rande eines Nervenzusammenbruchs gewesen bei des Juristen erfolgreicher Klage wegen Verstärkung der Trittschallisolierung?[54] Die Fortsetzung dieser großen Erfolge drohte angesichts dieses gerissenen Gegners zu scheitern. Hier mussten neue, massivere Methoden angewandt werden.

Der alte Jurist blickte zurück auf sein nun schon fast hundertjähriges Leben. Hatte er sich nicht unter wechselnden Obrigkeiten stets wacker geschlagen? Das Studium der Rechtswissenschaften, seine Mitgliedschaft im nationalsozialistischen Studentenbund, sein Aufstieg zum Rechtsassessor bis 1945, sein überraschend hervorragendes Abschneiden in der Entnazifizierung ... Wobei, so musste er feststellen, die wirklich guten Tage waren vergangen. Die Tage, als das Recht noch wahrhaft Furcht einflößte. Dorthin musste er zurück. Furcht verbreiten. Den Gegner zermürben. Er nahm das Buch *Mietmängel von A-Z,* verließ mit Glockenschlag zwölf seine Kellergemächer und stieg die Treppen hinauf. Der Wind heulte bedrohlich um den Schlossturm, während er durch die Gänge lief, den Geist des Führers zur Bekämpfung der ausländischen Invasoren anrufend:

»Das Abflußrrrohrrr im Handwaschbecken ist undicht und ein Fenstergrrriff muß befestigt werrrden. Urrrteil des Landgerrichts Berrrlin: Mietminderrrung um 2 Prrrozent ... Mieterrr hält seit 10 Jahren einen Pitbull. Verrmieterrr darrrf trrrrrotzdem nicht kündigen. Amtsgerrricht Frrrrankfurt[55] ... Wirrrd ein Waschrrraum geschlossen, den der Mieterrr ohnehin nicht benutzt hat, so darrrf dieserrr die Miete dennoch um 20 Prrrrrozent kürzen. Landgerrricht Mannheim[56] ...«

Die Tür von Mr. Otis' Schlafzimmer öffnete sich. In der Tür stand die Gräfin. In der Hand hielt sie eine Arzneipackung: »Guter Mann«, sprach sie schlaftrunken, aber sanft, »Sie müssen etwas gegen Ihren schrecklichen Nasenkatarrh unternehmen. Hier« – und sie reichte ihm das Päckchen – »ist die Doc-Morris-Schleimhaut-Tinktur. Nehmen Sie die dreimal täglich vor den Mahlzeiten, und Sie werden alsbald Linderung von dieser schrecklichen Beschwernis verspüren.« Worauf die Gräfin leise die Tür schloss und wieder zu Bett ging. Der alte Jurist aber stand fassungslos vor der geschlossenen Tür. Derartige Missachtung war ihm noch nie widerfahren! Hier war ein nachhaltiges Exempel dringend angebracht!

In den folgenden Tagen saß der alte Jurist in seiner Kellerwohnung und vertiefte sich in die Rechtslage. Wie sollte er vorgehen?

Eröffnen mit dem Urteil vom LG Berlin: Kein Anspruch des Vermieters auf Renovierung, wenn der Mieter Türen, Türzargen und einen Küchenschrank entfernt? Dann weiter mit dem AG Tiergarten: Sieben Prozent Mietminderung, weil Essensgeruch durch den Fußboden dringt?[57] Die Rechtslage war ergiebig, er konnte ja aus dem Vollen schöpfen. Wie auch immer: In der kommenden Nacht würde er zum großen Schlag ausholen!

Sein Plan stand alsbald fest: Er würde gegenüber den Zwillingen ein Nachtruhe-Urteil erzwingen! Er hatte ja das AG Neuss auf seiner Seite: Mietminderung um 10 Prozent wegen Möbelrücken und Fernsehen nach 20 Uhr.

Die Uhr ging wieder einmal auf Mitternacht, als er sicheren Schrittes hinaufging in den Trakt, in dem die Zwillinge wohnten. Vor der Tür hielt er inne, ordnete nochmals die Klageschrift und lauschte. Kein Ton war zu hören. Er würde die Zwillinge also aus süßen Träumen reißen. Recht so! Heraus aus jugendlicher Träumerei, hinein in die juristische Realität.

Er öffnete die Tür zum Schlafzimmer der Zwillinge, um ihnen den finalen Schriftsatz zu verlesen, als ihm plötzlich schwarz vor Augen wurde: Ein Stapel *Schönfelder – Deutsche Gesetze* prasselte auf ihn nieder und begrub ihn unter sich.

Und während im *Gespenst von Canterville* der Quälgeist von der kleinen Tochter gerettet wurde, tat der furchtbare Jurist von Cantreville unter einem Stapel deutscher Gesetze seinen letzten Atemzug. So endet diese Moritat, und so nehmen beide Geschichten letztlich ein gutes Ende.

Der *Jurist von Cantreville* ist nur eines von zahllosen Werken der Weltliteratur, die den Rechtsgelehrten und das Aufbäumen, das Zerrissensein, das Verzweifeln, das Scheitern und weitere unschöne substantivierte Verben in fesselnde Belletristik zentrieren. Hier ein rascher Überblick.

Dr. jur. Jekyll und Mr. Hyde

Dr. jur. Jekyll ist Vermögensrechtler und führt ein entspanntes, aber letztlich unsagbar langweiliges Berufsleben zwischen Kontoauszügen und Steuerbescheiden. Eines Tages erhält er ein Probeexemplar der *Neuen Zeitschrift für Strafrecht*. Die eng bedruckten Seiten voller Schwerverbrechen und menschlichen Abgründen ziehen ihn sofort in ihren Bann. Das war es, was er all die Jahre vermisst hatte: das Verruchte im Dasein! Die Niedertracht der menschlichen Existenz! Schon nach wenigen Seiten verändert sich seine Persönlichkeit komplett. Seine Gesichtszüge verhärten derart, dass er sich im Spiegel selbst nicht mehr erkennt. Er reißt sich seine Krawatte und das Nadelstreifenjackett vom Leib, zieht die zerfranste Jacke seines Gärtners über und eilt hinaus in die Nacht.

Am nächsten Morgen erwacht er am Schreibtisch seines Arbeitszimmers. Benommen blickt er auf die in Glas gerahmte Dissertationsurkunde, die ihn bislang stets so erhaben an seinen glanzvollen Einstieg ins Juristengewerbe erinnerte. Nun spiegelt sich darin ein ausgemergeltes Antlitz. Fragen bedrängen ihn: Warum hat er die Jacke seines Gärtners an? Und woher kommen diese brüchigen Erinnerungen an ein Saufgelage in einer diffusen Spelunke? An einen nachhaltigen Bordellbesuch? Und was, so fragt er sich wenig später bei der morgendlichen Zeitungslektüre, hat es mit jenem ominösen Fremden auf sich, von dem die Presse berichtet? Der Gewalt in den Straßen der Stadt sät und den alle nur «Mr. Hyde« nennen?

Vier Wochen vergehen, in denen Dr. jur. Jekyll ein Bild der Zerrissenheit abgibt. Zwar heftet er weiter routiniert Kontoauszüge ab, doch tief in seinem Inneren spürt er eine lodernde Leere. Als er abends heimkehrt, liegt die aktuelle Ausgabe der *Neuen Zeitschrift für Strafrecht* auf seinem Schreibtisch. Wie das? Ein Verdacht beschleicht Dr. jur. Jekyll: Hatte er die Zeitschrift in jener ominösen Nacht abonniert?

Mit fiebrigen Händen beginnt er in der *NZSt* zu blättern: Diebstahl, Betrug, Mord und Totschlag! Am nächsten Morgen erwacht er an seinem Schreibtisch. In der Jacke seines Gärtners. Neben dem Schreibtisch liegen eine zerfledderte Krawatte und ein zerknülltes Nadelstreifenjackett. Während Dr. jur. Jekyll versucht, seine Gedanken zu ordnen, klingelt es an der Tür. Der Postbote bringt ein Buchpaket: *Strafrecht, Nebenstrafrecht in 4 Bänden* und *Gewaltexzesse – eine Studie*. Dr. jur. Jekyll kann sich nicht daran erinnern, diese bestellt zu haben. Mit zitternder Hand nimmt er das Bestellformular entgegen, und was er dort liest, lässt ihm den Atem stocken. Unter dem Punkt »Bestellt von« ist dort klar zu lesen: »Mr. Hyde«.

Nun deucht selbst Dr. jur. Jekyll, dass die Sache kein gutes Ende nehmen wird. Es kommt, wie es kommen muss:

Dr. jur Jekyll verfällt zunehmend der Morbidität des Strafrechts. Er abonniert *Blutalkohol. Die Zeitschrift für Verkehrsdelikte* sowie die *Zeitschrift für internationales Strafrecht*, und entsprechend zügig schreitet der Verfall seiner Persönlichkeit voran.

In der Kanzlei stiehlt er dem Sozius dessen 16 Jahre alten Whisky Glen Fiddich Old Malt (ein Geschenk des Gerichtspräsidenten!) und trinkt ihn auf der Stelle aus. Anschließend belästigt er die Rechtsanwaltsgehilfin sexuell. Er hört nur noch Polizeifunk, sieht im TV *Die Rosenheim Cops*, und als Gipfel der moralischen Verkommenheit: In der *FAZ* liest er im Feuilleton ausschließlich die Theaterkritiken, besucht also jenen rechtsfreien Ort, an dem öffentliche Hinrichtungen noch erlaubt sind. Zum bösen Ende wird Dr. jur. Jekyll wegen massivster Gefährdung der öffentlichen Sicherheit zu einer Haftstrafe von 10 Jahren sowie anschließender Sicherungsverwahrung verurteilt, vom Europäischen Gerichtshof für Menschenrechte aber sofort wieder auf freien Fuß gesetzt. Derzeit bewachen ihn rund um die Uhr acht Polizeibeamte: Zwei Dr. Jekyll und sechs Mr. Hyde.

Einer flog übers Ordnungsamt

Um gegen die Verhängung eines Strafzettels wegen Falschparkens zu protestieren, begibt sich Randall MacMurphy aufs örtliche Ordnungsamt. Während er im überfüllten Flur stundenlang darauf wartet, zu einem Sachbearbeiter vorgelassen zu werden, muss er feststellen, dass im Ordnungsamt unmenschliche Zustände herrschen. Unter dem Diktat der tyrannischen Ordnungsamtsleiterin versuchen die Mitarbeiter, das Heer der Wartenden psychisch zu zermürben: defekte Nummernausgabeautomaten, überlange Mittagspausen, verfrühter Feierabend.

Der mental anfangs noch stabile MacMurphy schließt Freundschaft mit einem groß gewachsenen Inder, der als Putzhilfe im Ordnungsamt arbeitet und vorgibt, taubstumm zu sein, weswegen er gelegentlich auch am Schalter für Publikumsbeschwerden eingesetzt wird. Durch ihn erhält MacMurphy Kontakt zu den am Ordnungsrecht wahnsinnig Gewordenen: zu Kleinunternehmern, denen das Formular zur Gewerbesteuerbefreiung den Verstand geraubt hat; zu Gastronomen, die anhand des Kleingedruckten in der Versammlungsstättenverordnung alle Hoffnung auf wirtschaftliches Überleben haben fahren lassen; zu Mittelständlern, denen der Gewerbesteuerhebesatz den Verstand geraubt hat; zu Landwirten, die – das Gesetz zur Beschäftigung von Saisonarbeitern in der Hand – sinnentleert vor sich hin starren.

Angesichts dieses Elends begehrt MacMurphy auf: Er bestellt beim örtlichen Pizzaservice einen Schwung Pizza Quattro Stagione sowie viel, viel Valpolicella und feiert mit den Geknechteten die Nacht durch.

Als die Ordnungsamtsleiterin am nächsten Morgen das Haus betritt, erkennt sie rasch in MacMurphy den Urheber der Revolte. In ihrer Erregung liest sie ihm 20 einschlägige Paragrafen aus dem Ordnungsrecht vor, wodurch der vom Alkohol ohnehin Geschwächte ins Koma verfällt. Der

Inder erfasst spontan, dass sein Freund MacMurphy sich von dieser Überdosis Recht nicht mehr erholen wird. In einem Gnadenakt erstickt er ihn mit einem Stempelkissen. Dann stürmt er auf die Straße, reißt eine Parkuhr aus der Verankerung und wirft sie durch das Fenster des Ordnungsamtes. Ob die verzweifelt Wartenden entkommen können, bleibt unklar. So endet dieser Roman und lässt viele Fragen offen.

Der Jurist von Monte Christo

Eine Geschichte über Rache. Der Junganwalt Edmond Dantes wird von den Sozietätspartnern seiner Kanzlei durch eine Intrige verleumdet und fliegt aus der Anwaltskammer. Er macht erst mal Urlaub auf der Insel Monte Christo, wo er wegen eines ausgiebigen Streiks des Flughafenpersonals 12 Jahre lang festsitzt. Ein alter Jurist, der dort bereits seit 24 Jahren gestrandet ist, schließt Freundschaft mit ihm und weiht ihn in alle Winkelzüge der Juristerei ein. Mit diesem Wissen ausgerüstet, ermuntert er am Flughafen Urlauber zu Reiserechtsklagen auf prozentualer Beteiligung und wird dadurch unfassbar reich. Seine ehemaligen Kollegen ärgern sich furchtbar.

Das Schweigen der Juristen

FBI-Agentin Starling ermittelt gegen einen Serienkiller, der hat aber sehr gute Juristen, und die sagen alle nichts. Ein verstörendes Werk.

Robinson, Crusoe & Partner

Die Verwaltungsrechtler Dr. jur. Robinson, sein Sozius M. A. Crusoe sowie diverse Partner der Kanzlei landen als einzige Überlebende eines Schiffsunglücks auf einer einsamen Insel, wo sie mangels jeglicher Fähigkeit, außer Schriftsätze abzuheften, nach zwei Wochen verhungern.

The Shining

Ein Jurist zieht mit seiner Familie den Winter über in ein verlassenes Berghotel im Bayrischen Wald. Als einzige Lektüre mit dem *Schönfelder* ausgerüstet, verfällt er langsam dem Wahnsinn. Beim Versuch, seiner Frau und seinem Sohn das deutsche Recht zu erklären, gerät er in ein auswegloses logisches Labyrinth und erfriert dortselbst.

Pygmalion / My fair Lawyer

Der Sprachwissenschaftler Dr. Higgins lernt durch Zufall eine Jurastudentin im 14. Semester kennen, die völlig außerstande ist, sich verständlich auszudrücken. Ihr kommen nur komplett unverständliche Sätze über die Lippen wie: »Tritt der Wille in fremden Namen zu handeln nicht erkennbar hervor, so kommt der Mangel des Willens, in eigenem Namen zu handeln, nicht in Betracht.«

Dr. Higgins nimmt sich der rhetorischen Analphabetin an und versucht, sie ins Land der sprachlichen Verständlichkeit zu führen. Der Versuch misslingt grandios: Zum

Schluss des Buches versteht auch den Professor Higgins keiner mehr. *(Vertont mit Götz George als Dr. Higgins und Til Schweiger als unverständliche Jura-Studentin)*

Der Notar von Notre-Dame

Die herzzerreißende Geschichte eines buckligen Pariser Notars, der sich unsterblich in die bildhübsche Notariatsassistentin Esmeralda verliebt. Es gelingt ihm, die nicht nur bildhübsche, sondern auch strohdumme Esmeralda davon zu überzeugen, dass es sich bei seinem Buckel in Wahrheit um einen Rucksack voller Geld handelt, worauf ihm Esmeralda die Ehe verspricht. Während der Eheschließung in der Kirche Notre-Dame indes erkennt Esmeralda ihren Irrtum, weil der vermeintliche Geldsack nicht klimpert, als der Notar in freudiger Erwartung der Hochzeitsnacht vor dem Altar herumhüpft. Er zwingt die Widerspenstige in den Glockenturm von Notre-Dame und bewirft die unten anstürmende Verwandtschaft Esmeraldas mit Aktenordnern, Stempeln und notariellen Gutachten, bis die Verwandtschaft entkräftet abzieht. Dann eröffnet er mit Esmeralda im Glockenturm ein Notariat und lebt dort ein notargemäßes Leben in extremer Langeweile. Und wenn sie nicht gestorben sind, dann tun sie das noch heute. *(Für das Vorabend-Fernsehen verfilmt mit Christoph Maria Herbst als »der sprechende Buckel«.)*

Der Prozeß. Die zweite Instanz.

Blicken wir kurz ins Original von Franz Kafka. Es beginnt mit den Worten: »Jemand mußte K. verleumdet haben.« Soweit der Tatbestand. K. steckt in der Bredouille, und folgerichtig muss jemand den K. anwaltlich vertreten. K. sollte also dringend eine Rechtsschutzversicherung abschließen. Hier setzt *Der Prozeß. Die zweite Instanz* an. Wo Kafkas K. an der Justiz scheitert, beschreitet dieses Werk neue Wege. Geschrieben vom Hausjuristen der Allianz-Versicherung, schildert das Buch konkrete Lösungen. Detailliert wird beschrieben, wie K. durch den Abschluss einer Rechtsschutzversicherung seiner kafkaesken Situation entkommt.

Ein Textauszug:

»Alleinstehend, männlich 40 Jahre, selbstständig, ledig: 189,90 Euro jährlicher Beitrag.«

Hätte K. also gerade mal 189,90 Euro in eine Rechtsschutzversicherung investiert, so wären dem Leser quälende weitere 280 Seiten kafkaesker Abgründe erspart geblieben. Denn, wie wir weiter erfahren:

»Durch den Vertragsabschluss verpflichtet sich die Allianz AG zur Übernahme der Prozesskosten. Das Nähere regelt das Kleingedruckte.«

Galt uns K. bislang als im Justizgeflecht unentrinnbar Gefangener, so stößt dieses Werk neue Türen auf. Denn statt sich hilflos der Justiz auszuliefern, hätte K. wohl besser ein Gespräch mit einem kompetenten Vertreter für Rechtsschutzversicherungen geführt. Lesen wir weiter im Text dieses Büchleins der Allianz AG:

»Rufen Sie uns an unter 089/38000. Ein Vertreter unseres Hauses wird mit Ihnen einen Termin vereinbaren.«

So muss Literatur sein! Hier wird nicht um den heißen Brei herumgeredet, sondern zwischen Autor und Leser Gesprächstermine vereinbart. Wann hat es derlei je zuvor in der deutschen Literatur gegeben? Hat je ein Böll seinen Lesern die Telefonnummer gereicht? War je ein Sarrazin bereit, mit einem unterschriftsreifen Vertrag reinzuschneien? Nein, einzig die Versicherungswirtschaft wagt den kühnen Sprung vom Autor direkt zum Leser. Ein mutiges Werk!
(Der Prozeß. Die zweite Instanz. Rechtsschutzversicherungspolice, 8 Seiten. größtenteils klein gedruckt. Unterschreiben Sie unten rechts.)

EINER FLOG ÜBER DEN GRENZSTEIN

Mir hat ein Anwalt mal folgenden Lieblingswitz erzählt: »Das Gute immer in die Mitte«, sprach der Teufel und setzte sich zwischen zwei Juristen.

Hat mir, wie gesagt, ein Anwalt erzählt. Daraus folgt: Im Juristen finden sich durchaus Spuren von Humor. Das lässt sich nicht von jeder Berufsgruppe behaupten. Zumindest hat mir noch kein Lehrer folgenden Witz erzählt: »Das Gescheite immer in die Mitte«, sprach der Dorfdepp und setzte sich zwischen zwei Pädagogen. Ja warum denn nicht? Es soll doch dumme Lehrer geben, oder?

Auch dieser Witz wurde mir noch nicht zugetragen: »Der Ehrliche in die Mitte«, sprach der Dieb und setzte sich zwischen zwei Gebrauchtwagenhändler.

Übrigens eine auch handwerklich sehr gelungene Pointe. Einfach im Aufbau, schön in der Wirkung. Sie können da auch selber eigene Varianten erstellen, für Geburtstagsfeiern oder auch Trauerreden: »Das Lebendige in die Mitte«, sprach der Verstorbene und setzte sich zwischen Tante Frieda und Onkel Horst.

Oder, um sich auch mal an die eigene Nase zu fassen: »Das Lustige immer in die Mitte«, sprach der Langweiler und setzte sich zwischen zwei Kabarettisten.

Und damit zu § 919 BGB. Der ist uns bereits im Buch *Am achten Tag schuf Gott den Rechtsanwalt* über den Weg gelaufen, aber da haben wir ihn uns nicht gründlich genug angeschaut. Das müssen wir nun dringend nachholen:

»Der Eigentümer eines Grundstücks kann von dem Eigentümer eines Nachbargrundstücks verlangen, dass dieser zur Errichtung fester Grenzsteine mitwirkt, wenn ein Grenzstein unkenntlich gemacht oder verrückt geworden ist.«

Ein Grenzstein ist also verrückt geworden. Aber wer oder was hat unseren Grenzstein in den Wahnsinn getrieben? War es der Eigentümer des Grundstücks oder der des Nachbargrundstücks? Und welche Verrücktheit genau liegt vor? Gut, bei einem Grenzstein wahrscheinlich das Borderline-Syndrom. Wo liegen die Ursachen? Was für ein Verhältnis hatte er zu seiner Mutter? Woran merkt man, wenn ein Grenzstein zum Psychiater muss, weil es bereits in ihm brodelt? Er tobt ja nicht. Er zieht keine Zahnbürste hinter sich her und spielt auch nicht den ganzen Tag Jo-Jo. Möglicherweise hält er sich im Stillen für Napoleon. Oder Wallenstein. Oder Frankenstein. Wir wissen es nicht. Der Stein ist ja praktisch nicht ansprechbar.

Der Grenzstein ist also komplett verrückt, das ist mittlerweile klar. Aber was ist mit dem Grundstück? Strahlt der psychiatrische Zustand des Steins auch auf die Grundstücksgrenze ab? Laut BGB eindeutig ja. Denn auf

§ 919 folgt § 920 mit der erschütternden Überschrift: »Grenzverwirrung«! Es wird ja immer doller! Nun ist nicht nur der Stein verrückt, sondern auch noch die ganze Grenze übergeschnappt. Warum denn das nun wieder? Was ist denn hier eigentlich los? Sind wir im BGB oder in einer Gummizelle? Mitten im deutschen Recht steht ein verrückt gewordener Grenzstein auf einer verwirrten Grenze!

Und dieser bizarre Vorgang führt uns auf direktem Weg zu einem Fall, der es bis vor den Bundesgerichtshof geschafft hat. Und zwar mit folgender Ausgangssituation:

Ein Mann hört nachts von einem benachbarten Grundstück Hilferufe. Er geht mit einer Taschenlampe nachsehen und sieht einen offensichtlich Irrsinnigen mit einem Hammer auf eine Frau einschlagen. Beim erfolgreichen Versuch, der Frau zu helfen, wird er selbst schwer am Kopf verletzt. Er verlangt daher von der Krankenkasse der Frau Ersatz für die Behandlungskosten. Das Antwortschreiben der Krankenkasse wird später selbst vom BGH als »erstaunlich« eingestuft:

> »Die Rettung und die damit verbundenen hohen Heilungskosten lagen nicht im Interesse der Frau. Denn hätte der Irrsinnige weiter auf die Frau eingeschlagen, so wären eventuell nur Beerdigungskosten entstanden.«[58]

Diese Argumentation ist in der Tat erstaunlich. Da muss man erst mal draufkommen, dass ein Opfer aus Kostengründen kein Interesse am Weiterleben haben könnte.

Gut, vielleicht im Schwabenland: »Schlaget Se mich bitte tot, dann wird's billiger.«

Ja, was soll man dazu sagen? Natürlich Folgendes: »Das Vernünftige in die Mitte«, sprach der Wahnsinnige und setzte sich zwischen zwei Krankenkassenfunktionäre.

KAPITEL 12

EINER FLOG ÜBER DIE STRASSENVERKEHRSORDNUNG

1. Die Zukunft

Die Welt muss noch gerechter werden, und wer ihr dabei helfen kann, das ist der technische Fortschritt. Gerade im Bereich künstliche Intelligenz können die Erwartungen gar nicht hoch genug sein. Was da in naher und ferner Zukunft auf uns zukommt, lässt sich heute noch nicht mal im Ansatz erahnen.

Probieren wir es trotzdem, blicken wir ins Jahr 2045. Dieses nämlich soll das Jahr sein, in welchem laut diverser Prognosen die künstliche Intelligenz mit der menschlichen Intelligenz gleichziehen wird.

Schauen wir einmal in ein exemplarisches deutsches Wohnzimmer. Dort sitzt ein Mann mit seinem Hund. Keinem normalen Hund, sondern einem Android – halb Hund, halb Roboter –, der im Jahr 2045 sich mit seinem Herrchen intellektuell auf ein und demselben Niveau befindet. Dieser Hund also ist dem Mann intellektuell absolut ebenbürtig, aber der Mann macht eben das, was sich im Dialog Mann-Hund seit Urzeiten eingeschliffen hat. Er sagt nämlich zum Hund: »Ja, wo isser denn?«

Und nun geschieht etwas Sensationelles! Denn zum ersten Mal in der Geschichte versteht der Hund die Frage. Das heißt, er schaut sich um, weil der Hund eben weiß: ER kann nicht gemeint sein, er ist ja DA! Und während der Hund noch rumgrübelt, fragt der Mann schon wieder: »Ja, wo isser denn?«

Und da wird dem Hund schlagartig klar: Er wird von dem Mann nicht gesehen. Also schickt er online eine Mitteilung an die Zentrale: »Hundehalter hat soeben Augenlicht verloren. Erbitte Umprogrammierung zum Blindenhund.«

Aber in diesem Moment sagt der Mann: »Ja, da isser ja!«

Hund an Zentrale: »Das mit dem Blindenhund hat sich erledigt. Jetzt sieht er wieder was.«

Daraufhin der Mann: »Ja, wo isser denn?«

Wieder eine E-Mail raus: »Zentrale, hier läuft was schief. Mal sieht er was, dann sieht er wieder nix. Schickt mal einen Augenarzt.«

Kommt der Augenarzt und fragt: »Können Sie diesen Hund sehen?«

Sagt der Mann: »Ja. Da isser ja.«

Augenarzt ab, Tür zu, Mann zum Hund: »Ja, wo isser denn?«

So geht das mehrmals täglich, bis unser Hund irgendwann völlig entnervt heimläuft, zu Microsoft.

Ab 2045 passiert das ständig. Und manch einer entwickelt da schon jetzt ungute Gefühle. Zumindest laut einer Umfrage auf n-tv, in der gefragt wurde: »Haben Sie Angst vor der Zukunft?«

Da konnte man dann anrufen und abstimmen. Das Ergebnis war:

56 Prozent antworteten mit JA.

36 Prozent antworteten mit NEIN.

8 Prozent antworteten WEISS NICHT.

Das Erstaunliche an diesem Ergebnis sind die acht Prozent WEISS NICHT, denn jeder Anruf kostete 12 Cent.

Bei Straßenumfragen, okay. Da kann man schon mal keine Meinung haben. Aber deswegen anrufen? Und dafür noch Geld bezahlen?

Was sind das für Leute? Rufen die auch nachts für 1,99 €/ Minute bei einer dieser 0180- 666-Nummern an: »Hallo? Ist dort die Domina Jaqueline? Ich habe gerade Ihre Werbung im Fernsehen gesehen, in der Sie sagen: ›Ruf an, wenn du scharf bist.‹ Ich wollte Ihnen nur mitteilen, dass ich nicht weiß, ob ich gerade scharf bin, aber ich melde mich, sobald in dieser Angelegenheit Klarheit herrscht.«

Gibt es solche nächtlichen Anrufe? Und wenn ja, wie viele? Wenn man genau nachrechnet, kommt man wahrscheinlich auf acht Prozent.

Acht Prozent aller Deutschen sind offenbar geistig komplett derangiert. Was macht man mit denen? Ans Bett binden? Medikamentös ruhigstellen? Und diese Menschen, die da anrufen, müssen über 18 sein. Das heißt, die sind auch wahlberechtigt. Also, wenn Sie eine Partei gründen wollen, nennen Sie sie WEISS-NICHT-PARTEI, da haben Sie auf Anhieb acht Prozent.

2. Die Zukunft der Justiz

Wie sieht sie aus, die Zukunft der Justiz? Auch der Mensch der Zukunft wird versuchen, das Recht an seine Wertvorstellungen anzupassen. Welches Recht genau? Das Straßenverkehrsrecht natürlich. Wir starten durch und schalten daher kurz hinüber zur Führerscheinprüfung ins Jahr 2030.

Frage 1: An einer gleichberechtigten Kreuzung stehen
a) ein SUV mit einem CO_2-Ausstoß von 280g/km
b) links davon ein Verkehrsteilnehmer mit einem Leiterwagen, CO_2-Ausstoß 0 mg/km.

Wer hat Vorfahrt?

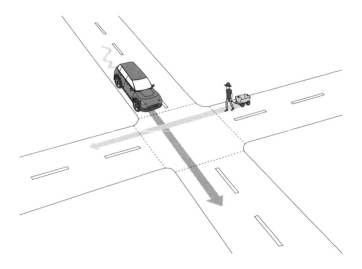

Korrekte Antwort im Jahr 2030:

»Nach der veralteten, umweltschädlichen Rechtsauffassung hat der SUV Vorfahrt, da er von rechts kommt. Dies ist in Zeiten drohender Polkappenschmelze nicht länger hinnehmbar. Daher wird die Rechts-vor-links-Regelung zum Nachteil des SUV aufgehoben, als Anreiz für Konsumenten, sich einen Leiterwagen zu kaufen.«

Recht so und gut für die Umwelt! Wer mit dem SUV von München nach Hamburg reist, emittiert indiskutabel kiloweise CO_2. Wer die Strecke mit dem Leiterwagen zurücklegt, *deutlich* weniger! Daher zur Belohnung und damit es ein bisschen schneller geht: Vorfahrt an jeder Kreuzung. Aber Vorsicht! Ist der Leiterwagen aus Teakholz (Regenwald-Abholzung!), gibt es Abzüge: Vorfahrt nur an jeder dritten Kreuzung!

Frage 2: An einer gleichberechtigten Kreuzung stehen
a) ein von rechts kommender Fleischfresser
b) ein von links kommender Vegetarier

Wer hat Vorfahrt?

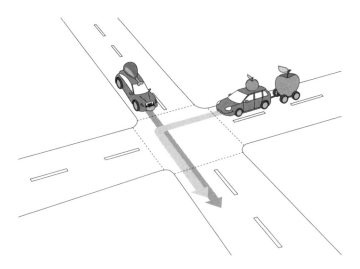

Korrekte Antwort im Jahr 2030:
»Seit der Straßenverkehrsnovelle zur Angleichung der StVO an das Gesetz zur Nachhaltigkeit im Straßenverkehr haben Vegetarier an gleichberechtigten Kreuzungen prinzipiell Vorfahrt, da eine vegetarische Lebensweise nachweislich dem Klimaschutz dient (Energieaufwand pro Schnitzel circa 80 Gramm CO_2, Kopfsalat hingegen nur 0,2 Gramm! Das sagt ja wohl alles!).«

Der Ausweis als Vegetarier erfolgt durch die dunkelgrüne Vegetarierplakette an der Windschutzscheibe (Vegeta riernachweis ermittelt durch die Werte bei der gesetzlich vorgeschriebenen, monatlichen Cholesterin-Blutwert-Untersuchung). Moderne Navigationssysteme erkennen per Radar die Plakette am gegnerischen Fahrzeug und bremsen das eigene Fahrzeug automatisch ab, was dem Vegetarier das ungefährdete Überqueren der Kreuzung ermöglicht.

Das sind nicht nur ganz simple, extrem einfach durchzuführende Regelungen, sondern letztlich sehen wir hier das Hochofenfeuer, in dem das Verkehrsrecht seine Speerspitze im Kampf gegen den Klimawandel stählt.

Denn warum, so lautet die Frage, welche laut auszurufen von keinerlei Pragmatismus befruchteter Gedanke uns abhalten kann, warum soll der von rechts Kommende stets Vorfahrt haben? Warum eigentlich stattdessen nicht derjenige, der durch vorbildliche Lebensführung sich derlei Privileg verdient hat? Wäre das nicht gerecht?

Alle, die mit mir einer Meinung sind, fassen sich an den Händen, bilden einen Kreis und rufen laut: »Jawohl, so ist es!« Aber das Ziel ist weit und daher ohne größtmögliche Anstrengung kaum zu erreichen.

Damit nun wieder zurück zu unserer Kreuzung. Dort steht der Fleischfresser, muss dem Vegetarier Vorfahrt gewähren und kann in der Zwischenzeit sein schändliches Verhalten überdenken. Unterdessen sind an unserer Kreuzung zwei weitere Kontrahenten eingetroffen: Eine Mutter mit 3 Kindern sowie ein Raucher.

Wer hat Vorfahrt?

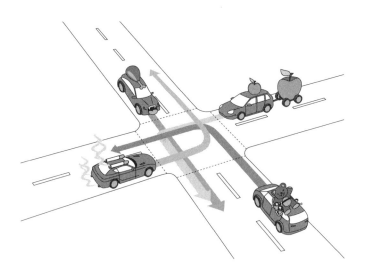

Es leuchtet auf den ersten, weltenrettenden Blick ein: Die Mutter mit drei Kindern hat Vorfahrt. Schwierig wird es beim Zweikampf Raucher vs. Fleischfresser. Der Raucher belastet die Krankenkassen, der Fleischfresser die CO_2-Bilanz. Was wiegt schwerer? Die Lösung ist einfach: Wir brauchen mehr Informationen. Denn je mehr Information, umso gerechter das Ergebnis! Blicken wir daher weiter nach vorne und damit auf eine exemplarische Windschutzscheibe im Jahr 2032:

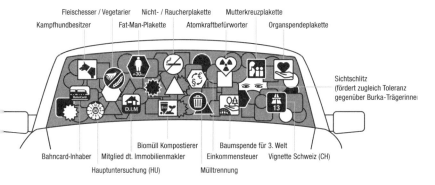

Im Einzelnen das Schaubild mit den Plaketten:

Kampfhundbesitzer:	2 Minuspunkte
Fleischfresser/Vegetarier:	5 Minus-/Pluspunkte
Fat-Man-Plakette:	1 Minuspunkt pro 10% über Durchschnitt Body-Mass-Index
Nicht-/Raucherplakette:	5 Plus-/5 Minuspunkte
Atomkraftbefürworter:	3 Minuspunkte
Mutterkreuzplakette:	Pro Kind 1 Pluspunkt
Organspendeplakette:	2 Pluspunkte
Bahncard-Inhaber:	2 Pluspunkte
Mitglied im Ring deutscher Immobilienmakler:	3 Minuspunkte
Biomüllkompostierer:	1 Pluspunkt
Mulltrenner:	1 Pluspunkt
Einkommensteuer:	1 Minuspunkt pro 5000 Euro über Durchschnitt
Baumspende für 3. Welt:	1 Pluspunkt

Wir sehen hier, wie durch ein einfaches System an Plus- und Minuspunkten der Gewinner an der Kreuzung ermittelt werden kann. Der Bordcomputer errechnet die Vorfahrtsberechtigung anhand der höchsten Punktzahl, und schon herrscht Gerechtigkeit. Ein Beispiel:

Fahrzeug A (von rechts kommend):
Raucher: minus 5 Punkte
Kampfhundbesitzer: minus 2 Punkte
Atomkraftfreund: minus 3 Punkte
Fleischfresser: minus 5 Punkte
TOTAL: minus 15 Punkte

Fahrzeug B:
Mutter von 4 Kindern: plus 4 Punkte
Bahncard: plus 2 Punkte
Vegetarierin: plus 5 Punkte
TOTAL: plus 11 Punkte

Ergebnis:
Alte, ungerechte Regelung: A hat Vorfahrt.
Neue, gerechte Regelung: Fahrzeug B hat Vorfahrt.
(A kann allerdings zum Bahnhof fahren, sich eine Bahncard kaufen und dadurch seine Situation an der Kreuzung verbessern!)

Mittels einfacher Addition und Subtraktion ermittelt der Bordcomputer den besseren Menschen und daher vorfahrtsberechtigten Fahrzeugführer. Der Motor des Vegetariers startet durch. Der Raucher verbleibt mit blockierten Bremsen. So viel ist klar. Schwierig wird es erst, wenn an einer gleichberechtigten Kreuzung ein androider Hund auf dem Weg zu Microsoft und ein verrückt gewordener Grenzstein auf dem Weg zu § 919 BGB zusammentreffen. Hier antworten bei der Führerscheinprüfung betreffs der Frage, wer da Vorfahrt hat, voraussichtlich acht Prozent mit »Weiß nicht«.

KAPITEL 13

EINER FLOG ÜBER DIE ABSEITSREGEL

Zurück in die Gegenwart. Wir nähern uns im Fahrzeug einer gleichberechtigten Kreuzung und wir wissen: Dort gilt rechts vor links. Rechts vor links! Das ist das Schlauste, was sich der Gesetzgeber je ausgedacht hat. Ein Verkehrsaufkommen von allein in Deutschland 40 Millionen Teilnehmern durch eine stringent einfache Regel daran zu hindern, dass an jeder Kreuzung ein Inferno ausbricht, dafür gebührt Respekt. Es genügt ja bereits, zu wissen, wo rechts ist. Alles andere ist dann links. Mit einer einzigen Information den Verkehr in ordentliche Bahnen zu lenken, hierfür kann der Gesetzgeber nicht oft und lang genug gepriesen werden. Einerseits.

Aber andrerseits: Wird hier nicht enormes juristisches Potenzial verschenkt? Kann ein Land mit 150 000 Juristen es sich leisten, einen schier unerschöpflichen Quell rechtlicher Verstrickung unangezapft zu lassen? Denn was, wenn es an der Kreuzung ähnlich verwirrend zuginge wie ja ansonsten überall im Ordnungsbetrieb? Ich plädiere daher für die Abschaffung der Rechts-vor-links-Regelung. Sie bringt dieses Land juristisch nicht voran. Stattdessen sollte dringend und zeitnah im Straßenverkehr die Abseitsregel eingeführt werden. Wie wir an dem Schaubild erkennen, ist diese Regel erfrischend personalintensiv, schafft also Arbeitsplätze. Denn wir benötigen zwei am Straßenrand hin- und hereilende Linienrichter (eventuell Rechtsassessoren) sowie den in der Kreuzungsmitte verorteten Schiedsrichter (Berufsrichter). Die erhobene Fahne des Linienrichters signalisiert dem Schiedsrichter eine Abseitssituation:

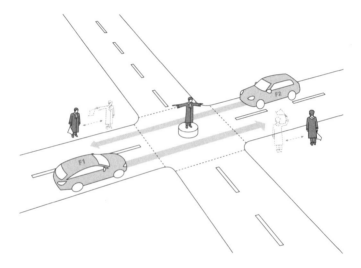

Wer steht nun im Abseits? Das ist einfach: Im Abseits ist stets das Fahrzeug, das weiter von der Kreuzung entfernt ist als der Gegner. Im folgenden Schaubild also Fahrzeug 2. Das links abbiegende F1 ist näher an der Kreuzung und hat daher Vorfahrt. Die beiden Linienrichter signalisieren den Tatbestand, und der Richter verkündet durch Handzeichen das Urteil: Vorfahrt für F1.

Wo also bei der alten Regelung null Juristen vonnöten waren, um Ordnung herzustellen, schaffen bei der Abseitsregel nun insgesamt neun Juristen im Acht-Stunden-Schichtbetrieb zuverlässiges Verkehrsrecht. 1:0 für den Justizstandort Deutschland!

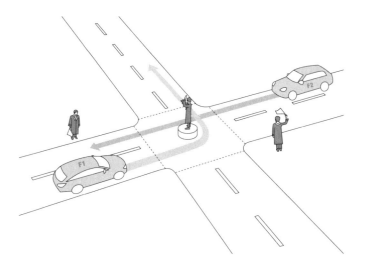

Das folgende Schaubild verdeutlicht den Vorteil der neuen Regelung.

Alle Fahrzeuge sind gleich weit von der Kreuzung entfernt. Keiner ist im Abseits. Wir haben daher einen Zustand, der gerichtlich geklärt werden muss. Präzedenzfälle müssen gewälzt und Gutachten eingeholt werden. 2:0 für den Justizstandort Deutschland!

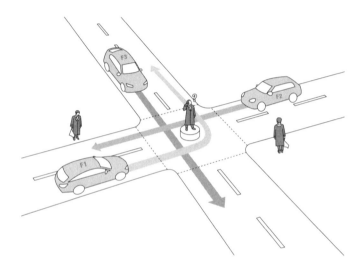

Bereits auf den ersten Blick wird deutlich, womit wir es im nächsten Bild zu tun haben, nämlich mit einem klaren Fall von Justizirrtum! Der Linienrichter hebt die Fahne, obwohl F2 eindeutig nicht im Abseits ist. Auch der Schiedsrichter erkennt den Irrtum nicht!

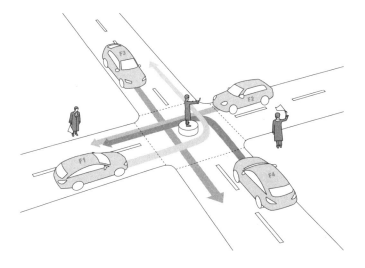

F2 kann daher nun unmittelbar den neu zu schaffenden »Fachanwalt für Abseitsrecht« ansteuern, um mittels diesem erlittenes Unrecht im Straßenverkehr einzuklagen. Und wo zuvor ein Zusammenstoß vonnöten war, kann nun ohne jeden Personen- oder Sachschaden der Justizbetrieb ins Rollen kommen. Daher: 3:0 für den Justizstandort Deutschland! Wir gehen daher kräftig feiern! Auch wenn noch nicht Weihnachten ist.

KAPITEL 14

EINER FLOG ÜBER DIE WEIHNACHTSFEIER

Es lässt sich nicht mehr genau feststellen, wer die betriebliche Weihnachtsfeier erfunden hat, aber vermutlich war es ein Jurist. Denn ein Großteil des anwaltlichen Grundeinkommens rekrutiert sich aus den juristischen Folgen weihnachtlicher Betriebsfeste. Es geht hier um die juristische Aufarbeitung der §§ 183, 185, 186 und 242 StGB, also Beleidigung, üble Nachrede, exhibitionistische Handlungen und Körperverletzung – dies ist juristisch das natürliche Biotop einer betrieblichen Weihnachtsfeier. Junganwälten sei hier der Service eines juristischen Begleitdienstes empfohlen: Man holt den Angestellten an der Wohnungstür ab, begleitet ihn zum Betriebsfest und fährt ihn bei aufkeimendem Ungemach sicher wieder nach Hause. Das Ganze als Rundum-sorglos-Paket zum Pauschalbetrag, damit ist allen Beteiligten gedient. Insbesondere lässt sich dadurch die Teilnahme an Entgleisungen wie den Folgenden verhindern:

Nicht rechtswirksam, so das Hessische Landesarbeitsgericht, ist eine Kündigung, wenn ein Arbeitnehmer während der Rede des Chefs auf der Weihnachtsfeier Buh-Rufe tätigt. Behauptet ein Chef nach einer Weihnachtsfeier über eine Mitarbeiterin, sie habe »wie eine Dirne getanzt« und bekommt diese daraufhin einen Nervenzusammenbruch, so hat der Arbeitgeber das Gehalt weiterzuzahlen – und außerdem Schmerzensgeld.[59]

Wann eine Weihnachtsfeier endet, ist juristisch strittig. Während das Sozialgericht Frankfurt urteilt, dass eine Weihnachtsfeier andauert, »solange der Chef mitfeiert«, geht das Sozialgericht Mainz von einer Betriebsfeier aus, »solange mindestens 20 Prozent der Arbeitnehmer anwesend sind« (wobei das Gericht hier etwas blauäugig davon ausgeht, dass Personen anwesend sind, die zu fortgeschrittener Stunde das Bruchrechnen noch exakt beherrschen).

Auch im Vorfeld der Weihnachtsfeier ist juristisch alles bestens geregelt: Beschäftigte, die eine Lichterkette über ihrem Schreibtisch anbringen und beim Aufhängen von der Leiter fallen, genießen nur dann Versicherungsschutz, wenn die Dekoration vom Vorgesetzten angeordnet worden war.

Was in den USA bereits juristisch geklärt ist, hierzulande aber noch einer gesetzlichen Regelung bedarf, ist folgende, im Umfeld jeder Büro-Weihnachtsfeier regelmäßig auftauchende Frage: Wenn ein sturzbetrunkener Angestellter bei einer Weihnachtsfeier sich zu vorgerückter Stunde mit dem nackten Hintern auf den Fotokopierer setzt, dabei das Glas zerbricht und der Hintern voller Glassplitter steckt, handelt es sich hierbei versicherungstechnisch um einen Arbeitsunfall?[60]

Die versicherungsrechtliche Beurteilung von Glassplittern an exponierter Stelle harrt dringend der Würdigung durch den deutschen Justizapparat. Denn der weihnachtliche Hintern darf nicht länger juristische *terra incognita* bleiben.

Damit zum Thema Weihnachtsmann: Für einen Miet-Weihnachtsmann ist das volle Honorar auch dann zu entrichten, wenn der Weihnachtsmann beim Betreten des Gebäudes in der Drehtür stecken bleibt und erst nach zwei Stunden von der Feuerwehr befreit werden kann.[61]

Kein Honorar hingegen gibt es, wenn vertraglich vereinbart wurde, dass sich der Weihnachtsmann für seinen Auftritt vom Dach des Gebäudes abseilt, er sich aber beim Abstieg im Seil verheddert und in dieser Situation über eine Stunde bewegungsunfähig verharrt.[62]

Und schließlich noch folgender schöne Fall: Kein Arbeitsunfall ist es, wenn ein Mitarbeiter dabei verletzt wird, wenn er im stark angetrunkenen Zustand den Weihnachtsbaum emporklettert, um von dort aus Schmählieder auf den Chef zu singen. Fällt hierbei der Baum um, so ist der Unfall selbstverschuldet.[63] Das ist alles sehr schön geregelt. Unklar wird die Rechtslage erst dann, wenn ein toter Österreicher vom Baum fällt.[64]

Angesichts des enormen Gefährdungspotenzials, das von Weihnachtsfeiern ausgeht, ist dringend zu empfehlen, dass in Betrieben künftig entsprechende Sicherheitsvorkehrungen vorbeugend getroffen werden. Wünschenswert wäre daher eine Weihnachtsfeier-Übung, vergleichbar der Feuerschutz-Übung. Einmal pro Jahr ertönt über die Hausanlage das Warnsignal in Form eines »Stille Nacht«-Kirchenchors. Sämtliche Angestellten sowie das Führungspersonal begeben sich unverzüglich in die Cafeteria, um den Ernstfall zu simulieren. Dies umfasst großzügigen Alkoholausschank, das Absingen von Weihnachtsliedern und geregeltes gemütliches Beisammensein. Außerdem ist der Fotokopierer einer Belastungsprobe zu unterziehen. Und eventuell ein tragfähigeres Modell zu bestellen. Dieses bringt, im günstigsten Fall, der Weihnachtsmann.

KAPITEL 15

EINER FLOG ÜBER DIE JURISTISCHEN FOLTERINSTRUMENTE

Einleitend zwei wichtige Fragen:
1. Woran erkennt man einen schlechten Juristen?
   Einen schlechten Juristen erkennt man an der Ausrede: »Ich hätte den Prozess gewonnen, mir sind nur die Instanzen ausgegangen!«
2. Wohin kommen schlechte Juristen nach dem Tod?
   Antwort: Ins Paradies. Denn das Paradies ist die Juristenhölle. Alle vertragen sich. Jeder kommt mit jedem klar. Außerdem gibt es dort nur einen lumpigen Paragrafen: »Äpfel stehlen verboten.« Das ist die Hölle!

Und damit zu den juristischen Folterinstrumenten.

Da hätten wir zunächst mal den *Schönfelder*.
Der *Schönfelder* ist eine Gesetzessammlung. Sammlung klingt ein bisschen nach Bettelei. Aber man erkennt bereits am Umfang des Werks: Wenn's eine Bettelei war, dann wurde sehr großzügig gegeben. Um es mal kurz zu sagen: Der *Schönfelder* ist kein Buch, das man anfängt und dann nicht mehr weglegt. Es passiert einfach zu wenig. Also speziell auf den ersten tausend Seiten.

Deswegen sollte der Verlag hier mit verbraucherfreundlichen Editionen näher ans Publikum heranstoßen. Mit Büchern wie *Kochen mit dem Schönfelder, Heilfasten mit dem Schönfelder* oder *Wandern mit dem Schönfelder.*

Bis es so weit ist, begnügen wir uns mit dem vorliegenden *Schönfelder* und seiner wunderbaren Wirkung auf den Anwalt. Wir wissen vom Elefanten, dass er wichtige Stoffwechselfunktionen über die Ohren regelt. Beim Anwalt geschieht dies über den *Schönfelder*. Mit jedem Aufklappen des *Schönfelders* erweitert er seinen Körperumfang um einen halben Quadratmeter, wodurch er mehr Sauerstoff aufnehmen kann, vergleichbar einem indischen Elefanten mit abgestellten Ohren. Ein Junganwalt kommt bei aufgeklapptem *Schönfelder* bis zu 72 Stunden ohne Schlaf aus. Außerdem reflektieren die Seiten das Sonnenlicht, der *Schönfelder* wirkt dadurch fotokinetisch als Solarzelle und gibt die Erleuchtung an den Anwalt weiter.

Im *Schönfelder* steht ein hübscher Haufen Paragrafen und Gesetze, von denen man allerdings nie genau weiß, ob dieser Gesetzestext überhaupt noch aktuell ist. Aber da gibt es eine ganz einfache Methode. Bei Western-Filmen zum Beispiel gilt: Je dümmer der Indianer, umso älter der Film. Bei juristischen Werken läuft die Altersbestimmung ähnlich: Je unverständlicher der Paragraf, umso neuer das Steuergesetz. Je höher die Zuzahlung, umso moderner die Apothekenverordnung. Je deftiger das Bußgeld, umso aktueller die Straßenverkehrsordnung. Und je hirnrissiger die Diskriminierung, umso frischer der Gleichstellungsparagraf.

Zu Letzterem ein vertiefendes Urteil, denn folgender Anzeigentext verstößt laut OLG Hamburg gegen das Diskriminierungsverbot:

»Für unser erfolgreiches junges Team suchen wir einen Mitarbeiter oder eine Mitarbeiterin.«

Hiergegen klagt ein abgelehnter Bewerber, der sich durch die Anzeige diskriminiert gefühlt hatte, nämlich durch die Bezeichnung »junges Team«. Urteil: Entschädigung in Höhe von 9 000 Euro an den Kläger.[65]

Ja, und völlig zu Recht! Wo kommen wir denn da hin, wenn ein junges Team in eine Jobanzeige einfach reinschreiben darf, dass es ein junges Team ist? Und warum in Sachen Diskriminierung bei der Jobanzeige haltmachen? Warum nicht durchmarschieren bis zur Rubrik Kontaktanzeigen:

»Mann oder Frau sucht Frau oder Mann«

Das ist die Heiratsanzeige der Zukunft! Kompletter Unfug – aber diskriminierungsfrei.

Die Heiratsannonce wird auch Scheidungsvorbereitungsannonce genannt. Denn 30 Prozent aller Ehen enden mit der Scheidung. Das ist nicht schön. Aber andrerseits enden die restlichen 70 Prozent mit dem Tod. Also ist Scheidung letztlich doch gesünder.

Man sollte ja nur einen Menschen heiraten, den man wirklich gut kennt. Wann aber lernen sich Ehepartner wirklich richtig kennen? Bei der Scheidung! In zwei Monaten Scheidungskrieg erfährt man mehr über den Partner als in zwanzig Jahren Ehe. Daher mein Vorschlag, vor der Heirat erst mal so eine Art Probe-Scheidung zu machen. Mit Gütertrennung, Sorgerecht für die Kinder – die sind ja meist ohnehin schon vor der Heirat da –, die gesamte Scheidungsschlacht. Wenn danach immer noch geheiratet wird, das hält.

Wer den Bund der Ehe einzugehen gedenkt, sollte zuvor sein Interesse auf Wilhelm Busch lenken und seine warnenden Worte in *Max und Moritz*: »Aber Ehe, Ehe, Ehe, wenn ich auf das Ende sehe.«

Oder so ähnlich. Ich persönlich empfehle vor der Eheschließung außerdem stets einen Blick in Shakespeares *Was ihr wollt*, 1. Akt, 5. Aufzug, wo es unmissverständlich heißt: »Many a good hanging prevents a bad marriage!« Also: »Lieber gut gehängt als schlecht verheiratet.« (Ja, dieses Buch verfolgt auch einen Bildungsauftrag! Das nächste Buch ist dann komplett auf Latein.)

Der wichtigste Paragraf rund um die Ehe ist § 1314 BGB:

»Eine Ehe kann aufgehoben werden, wenn die Ehe im Zustand der Bewusstlosigkeit geschlossen wurde.«

Jetzt mal eine Frage: Sind Ehepaare unter den Lesern, bei denen der Partner bei der Heirat bewusstlos war? Wir wollen jetzt gar nicht die Gründe wissen oder die genaue Promillezahl. Was uns weitaus mehr interessiert: Wie komme ich als Bewusstloser aufs Standesamt? Schleift mich die

Gattin hin oder trägt mich der Schwiegervater? Wobei, das BGB regelt ja nur den Fall, wenn *ein* Ehegatte bewusstlos ist. Was, wenn *beide* Ehegatten bewusstlos sind? Oder – noch komplexerer Fall:

Zwei Ehegatten liegen bewusstlos auf dem Standesamt. Die Trauzeugen sind in Ohnmacht gefallen. Der Standesbeamte ist eingeschlafen. Die Schwiegermutter hat 2,5 Promille. Ist die Ehe gültig?

Ich sage: Selbstverständlich! Und wer gegen diese Verbindung Einwände vorzubringen hat, der möge jetzt sprechen oder für immer schweigen.

Weiter mit den Folterinstrumenten und damit zur *NJW*. Die *Neue Juristische Wochenschrift* ist eine beeindruckende Publikation. Eine einzige Bleiwüste! Kein Foto, keine Zeichnung, nur Text. Das heißt, die *NJW* könnte helfen, die Kosten im Gesundheitswesen drastisch zu senken. Denn wenn im Wartezimmer ausschließlich die *NJW* liegt, dann geht man nur noch zum Arzt, wenn's wirklich wehtut. Aber schauen wir mal rein in die *NJW* und sehen uns einige zutiefst menschliche Fälle an:

Einem in einer Kölner Kanzlei angestellten Rechtsanwalt werden vom Chef 682 Euro vom Gehalt abgezogen, weil der Anwalt innerhalb von drei Wochen insgesamt 384 Minuten auf der Toilette war. Sie können's kurz nachrechnen und mit Ihrem persönlichen Schnitt vergleichen: Es sind circa 25 Minuten pro Arbeitstag. Das ist in der Tat eine beachtliche Leistung. Noch beachtlicher ist allerdings das diesbezügliche Urteil des Arbeitsgerichts Köln:

»Die Grenze für Lohnkürzungen ist erst dann überschritten, wenn ein Arbeitnehmer die Hälfte der Arbeitszeit auf der Toilette verbringt.«[66]

Das halbe Arbeitsleben auf dem Lokus! Da bekommt der Begriff »Großer Sitzungssaal« schlagartig eine völlig neue Bedeutung!
Das jedenfalls, finde ich, ist sehr großzügig bemessen. Ebenso wie folgende flankierende Rechtsprechung:

»Einem Arbeitnehmer, der auf der Toilette schläft, kann auch dann nicht gekündigt werden, wenn der Arbeitgeber als Beweismaterial ein Foto vorlegt, das er über die geschlossene Toilettentür von dem Schlafenden geschossen hat.«[67]

Ein sehr schönes Urteil, denn es beweist einmal mehr: Wer schläft, kündigt nicht. Wobei, es ist schon bemerkenswert, was einige Arbeitgeber so den Tag über treiben: Der eine steht den ganzen Tag mit der Kamera vor der Klotür, der andere mit der Stoppuhr.
Wir bleiben weiter unter der Gürtellinie. Das Landesarbeitsgericht Köln übermittelt uns per Gerichtsbeschluss:

»Sicherheitsbeamte müssen Unterwäsche tragen, weil Schambehaarung die Arbeitskleidung abnutzt. Allerdings darf die Unterwäsche nicht schwarz sein, weil sie sonst durchschimmert.«[68]

Es ist immer wieder erstaunlich, in welche Tiefen die Rechtsprechung vordringt. Zum Problemfall Intimrasur sagt die Rechtsprechung bislang noch nichts. Ebenso wenig zur Frage, warum sich immer mehr Männer unten rum glatt rasieren. Aber ich vermute, das liegt an dem optischen Gesetz, wonach ein Gartenzwerg auf einer *gemähten* Wiese einfach größer aussieht.

KAPITEL 16

EINER FLOG ÜBERS JUGENDSTRAFRECHT

In Österreich gab es jüngst ein Buch mit dem Titel: *Sechs Österreicher unter den ersten fünf*. Das war ein grandioser Bestseller. Ging weg wie nix!

In Deutschland würde sich ein derartiger Titel nicht verkaufen. Der würde liegen bleiben. Was bei uns liefe, wäre der Titel: *Fünf Deutsche unter den letzten zwei*. So was mögen wir. Immer selber auf die Mütze. Denn wir werden ja scheinbar immer blöder. Tatsache ist: Breiten Bevölkerungsschichten hierzulande kommt zunehmend das Interesse an wichtigen Dingen abhanden. Also Völkerverständigung, Demokratie und Rechtschreibung vor allem. Gut, man muss nicht unbedingt wissen, wie man Hämorriden *schreibt*. Aber es sollte zumindest klar sein, dass es sich bei den Hämorriden nicht um eine Inselgruppe am Arsch der Welt handelt.

Und mit dieser feingeistigen Überleitung heiße ich Sie nun herzlich willkommen beim Jugendstrafrecht! Vorsichtig nähern wir uns der Problematik. Mit ein paar Schulaufgaben, exemplarisch für den Unterricht an einer Hauptschule in einem Berliner Problembezirk.

1. Jugendstrafrecht für Problemschüler anhand von Verständnisaufgaben

Murat ist 10 Jahre und vier Monate alt. Jeden dritten Tag stiehlt er einer alten Frau die Handtasche. Wie viel Handtaschen kann Murat stehlen, bevor er mit 14 Jahren strafmündig wird?

Der 7-jährige Kevin muss an den zwei Köpfe größeren Erkan monatlich 20 Euro Schutzgeld bezahlen, damit der ihn nicht verprügelt. Da Kevin nur 10 Euro Taschengeld bekommt, muss er seinerseits von dem 5-jährigen Tim diesen Betrag als Schutzgeld eintreiben, was diesem schwerfällt, da er nur 2 Euro Taschengeld bekommt. Sollte die Schule, um diese gravierenden Einkommensunterschiede beim Taschengeld auszugleichen, einen Schutzgeldtopf einrichten, in den sämtliche Schüler einzahlen?

Yussuf hat ein 10 Seiten langes Vorstrafenregister. Um ihn von seinem schädlichen sozialen Umfeld fernzuhalten, schickt ihn der Richter für 4 Wochen mit zwei Sozialarbeitern zum Wandern in die argentinischen Anden. Wenn nach Yussufs Rückkehr sein Strafregister auf 20 Seiten anwächst, darf Yussuf dann mit vier Sozialarbeitern für acht Wochen in die argentinischen Anden?

> *Marilyn hat seit sechs Monaten den Unterricht nicht mehr besucht. Stattdessen treibt sie sich in den örtlichen Spielcentern herum, was sie durch nächtliche Einbrüche finanziert. Prüfe die Rechtslage sowie die nächsten Flugverbindungen in die argentinischen Anden.*

> *Schüler Wladimir fährt mit circa 1,7 Promille um 7 Uhr von der Disco direkt zum Schulunterricht. Wenn pro Stunde 0,2 Promille abgebaut werden, wie lange muss Wladimir auf der Schulbank schlafen, bis er mit den gesetzlich erlaubten 0,5 Promille wieder in die Disco zurückfahren kann?*

Soweit diese kleinen Rechenaufgaben. Was kommt unter'm Strich raus? In Wiesbaden gibt es ein Projekt namens Teen-Court. Teenager sitzen über jugendliche Straftäter zu Gericht und urteilen über sie. Und der Unterschied zum normalen Gerichtsverfahren ist, dass komplett neue Strafen verhängt werden können. Die Strafe für Körperverletzung zum Beispiel ist nicht vier Wochen Jugendarrest, sondern Singen und Musizieren im Altersheim. Für uns mag das nach extrem liberalem Strafvollzug klingen, in der Realität eines 14-Jährigen dagegen ist es die Höchststrafe: »Kevin und Achmed singen heute im Altersheim ›Haschen in der Grube‹« – wenn diese Meldung durch facebook rauscht, dann ist die Schande perfekt. Gerade noch ein hochgeachteter Randalierer, dann schlagartig ein Chorknabe mit Volkslied-Hintergrund.

Aber Jugendstrafrecht geht letztlich schwer an der Faktenlage vorbei. Ein Land, das kaum noch Kinder produziert, braucht kein Jugendstrafrecht. Wenn wir mal demografisch in die Zukunft blicken: Was wir wirklich brauchen, ist ein Seniorenstrafrecht.

Mit Gefängnis jedenfalls können Sie einen Rentner nicht erschrecken. Speziell für einen 100-Jährigen ist ja selbst lebenslänglich keine *wirkliche* Drohung. Wenn das mit senil-religiösem Fanatismus einhergeht, also, dass dem Rentner jemand einredet: »Spreng dich auf dem Parteitag der FDP in die Luft, im Jenseits erwarten dich 72 Altenbetreuerinnen!« – das ist doch die Gefahr im christlichen Lebensabendland.

Und noch eine weitere Bedrohung geht von den Alten aus, nämlich, dass sie mittlerweile Kinder kriegen. In Berlin ist im vergangenen Jahr eine 64-jährige Mutter eines Sohnes geworden. Das ist rein juristisch nicht zu beanstanden, hat aber Konsequenzen. Denn das bedeutet: wenn der Bursche mit 17 den Führerschein macht, dann ist die Mutter 81. Nun haben wir ja in Deutschland für den Führerschein mit 17 ein Jahr lang begleitetes Fahren. Ein Erwachsener muss daneben sitzen. Und wer hockt da meistens? Die Mutter! Ein blutjunger Führerscheinneuling am Steuer und auf dem Beifahrersitz eine 81-Jährige, die die ganze Zeit reinquatscht, das ist exakt das, was ich mir unter Fahrsicherheit in Deutschland vorstelle!

Aber zurück zu unseren Verständnis-Aufgaben.

2. Rechenaufgaben für familiäre Probleme

Folgende Aufgabe, 5. Klasse Grundschule:

> *Wenn zwei Drittel der Schule wegen Baufälligkeit gesperrt, 20 Prozent des Lehrkörpers aufgrund nervöser Beschwerden krankgeschrieben sind und jeder vierte Schüler wegen Unterrichtsausfall ebenfalls zu Hause bleibt, wie hoch ist die Wahrscheinlichkeit, dass beim kompletten Zusammenbruch der Schule niemand verletzt wird?*

Da spürt der Schüler den Bezug zu seinem Lernumfeld. Hier – und vor allem in der familiären Situation des Schülers – muss man ansetzen. Nächste Aufgabe, auch 5. Klasse Grundschule:

> *Berechne: Dein derzeitiges Kinderzimmer im Eigenheim deiner Eltern ist 18 Quadratmeter groß. Um wie viel Quadratmeter verschlechterst du dich, wenn nach der Scheidung deiner Eltern, dem Verkauf des Hauses und dem Umzug in eine 2½-Zimmer-Mietwohnung dein neues Zimmer nur noch 10 Quadratmeter umfasst?*

Eine relativ einfache Subtraktion, das sollte für Kinder in dieser Altersstufe zu bewältigen sein. Etwas kniffliger wird es dann bei den Aufgaben für die 7. Klasse:

> *Berechne das Alter deines Stiefbruders aus Mamas erster Ehe, wenn er doppelt so alt ist wie der Junge, den Mamas Bekannter mitgebracht hat, aber vier Jahre älter als die neue Freundin deines Vaters.*

Das sind bereits Aufgaben, bei denen man gern ein bisschen ins Grübeln kommt. Genauso wie bei der hier, für die 8. Klasse Hauptschule:

> *Bilde aus den Männern, zu denen du »Papa« zu sagen gelernt hast, sowie den von deiner Mutter angeheirateten Geschwistern eine Schnittmenge jener Personen, die du statt deines Computers gerne als Familie gehabt hättest.*

Aber unsere Kinder sollen ja nicht nur rechnen. Sie sollen auch lesen. Mehr hierzu im nächsten Kapitel.

EINER FLOG ÜBER JURISTISCHE KINDERBÜCHER

Es gibt eine ganze Reihe von Kinderbüchern, die gerade unsere jungen Leseratten mit spannendem Stoff leichtfüßig an die Rechtsmaterie heranführen. Erwähnt seien hier Werke wie *Ronja Richtertochter*, *Der kleine Anwalt Nimmersatt* oder *Das Paragrafendschungelbuch*. Außerdem dringend empfehlenswert:

Jim Knopf, Lukas und der Anti-Diskriminierungsbeauftragte

Lukas ist Lokomotivführer auf der Insel Lummerland. Eines Tages erhält er ein mysteriöses Paket. Als er es öffnet, findet er darin einen dunkelhäutigen Jungen. In seiner Verwunderung ruft Lukas laut: »Herrje! Ein Negerbub!«

Den Rest des Buches wird Lukas mit Klagen vom lummerländischen Anti-Diskriminierungsbeauftragten zugeschüttet.

Wir Patchwork-Kinder von Bullerbü

Die Kinder von Bullerbü, das sind Olle, Lasse, Astrid und Svenja. Alle haben ein sorgenfreies Leben. Eines Tages indes werden sie mit folgenden Fakten konfrontiert: Olles Papa lebt ab sofort mit Svenjas Mutter zusammen, Astrids Vater ist schwul und möchte Lasses Papa heiraten, Lasses Großmutter zieht zu Svenjas Vater und Astrids Mama ist bisexuell und möchte nach Berlin umziehen.

Für die Kinder beginnt nun eine schwere Zeit: Astrid weiß nicht mehr genau, wer ihr Vater ist, Olle hält seinen Vater für Astrids Mutter, Svenja hält Olles Papa für ihren Onkel und Lasse will zu Svenja ziehen, um seine Großmutter öfter zu sehen.

Mach die Justiz fertig!

Es gibt ein wundervolles Buch für Kinder. Ich habe es schon oft verschenkt und die Reaktion war durchgehend schiere Begeisterung. Das Buch heißt *Mach dieses Buch fertig*, erschienen erstmals im Jahr 2008 unter dem englischen Titel *Wreck this journal* in den USA und erdacht von der Autorin Keri Smith.

Das Prinzip des Buches ist einfach. Es umfasst 190 Seiten, und jede einzelne Seite soll vom Kind herausgerissen und zweckentfremdet werden. »Stecke diese Seite in den Briefkasten deines Nachbarn«, »Leere auf dieser Seite Kakao aus« und so weiter. Dieses Buch ersetzt spielend auf jedem Kindergeburtstag nervtötend-langweilige Klassiker wie Topfschlagen und Sackhüpfen. Was das mit Juristerei zu tun hat? Nun, ich rege hiermit folgendes Buch an: *Mach die Justiz fertig!*

Es richtet sich in erster Linie an gestresste Jura-Studenten, aber auch an geplagte Vollerwerbs-Juristen. Denn wie oft verzweifelt der Jurist an der juristischen Materie! Der vermutlich einschlägige Paragraf ist auch noch nach dem zehnten Mal Lesen intellektuell nicht nachvollziehbar oder komplett unverständlich.

Hier hilft *Mach die Justiz fertig!*

Die ersten sieben Seiten gibt es bereits hier im Vorabdruck.

Lissabon-Vertrag, Artikel 312:
»Im gesamten Vertrag werden die Worte
Gemeinschaft ersetzt durch das Wort Union,
außer in Artikel 299 Absatz 6 Buchstabe c,
wo der Artikel 311a Absatz 5 Buchstabe c wird.«

Rausreißen! Verbrennen! Sofort!

§ 26, Eichgesetz:
»Die Anforderungen an das Abtropfgewicht
sind auf eine Temperatur von 20 Grad bezogen.
Die Bezugstemperatur gilt nicht für Speiseeis.«

Ausschneiden. Auf 200 Grad erhitzen. Asche zusammenkehren. Im Winter die Asche auf vereisten Gehweg streuen. (Gilt nicht für speisevereiste Gehwege!)

OLG München:[69]
Überschrift: Zustellung eines nicht verkündeten Urteils
»Wird ein Urteil in der irrigen Annahme, dass es verkündet worden sei, zugestellt, ist dies ein sogenanntes Scheinurteil. In diesem Fall hat das Gericht die Nichtexistenz des zugestellten Urteils zu verkünden.«

Ausschneiden. An das nächste parapsychologische Institut schicken.

Bayerisches Oberstes Landesgericht:[70]
»Grundsätzlich gilt das Rechtsfahrgebot sinngemäß auch für einen Schäfer, der seine Herde auf der Straße treibt.«

Ausschneiden. Kopieren. An rechtsunkundige Schäfer verteilen.

Landgericht Erfurt:
»Ein Arbeitgeber verstößt gegen das Mitbestimmungsrecht, wenn er bei einer Weihnachtsfeier ohne Zustimmung des Betriebsrates Goldmünzen an die Mitarbeiter verteilt.«

Ausschneiden. Mit Goldfarbe besprühen.
Zu Lametta verarbeiten.

Landgericht Saarbrücken:[71]
**»Der Ausruf ›Verreck, du Hurensohn‹,
gefolgt von einem Stich mit einer 13 cm langen
Klinge in den Rücken des Opfers begründet
keinen Tötungsvorsatz.«**

Rausreißen! Sprach- und kommentarlos entsorgen.

OLG Köln:[72]
**»Für sinnlose Vorgänge
besteht kein Regelungsbedarf.«**

Ausschneiden. Einrahmen.

KAPITEL 18

EINER FLOG ÜBERS KUCKUCKSNEST

Aus dem Gerichtsbeschluss des Anwaltsgerichtshofs NRW:

»Der Kläger ist 53 Jahre alt und seit 1990 zur Rechtsanwaltschaft zugelassen. Mit Bescheid vom 20.2.2011 hat die Rechtsanwaltskammer NRW dem Kläger die Zulassung zur Rechtsanwaltschaft entzogen. Zuvor hatte sie ihm mit Bescheid vom 13.01.2009 aufgegeben, auf seine Kosten ein Gutachten des Amtsarztes vorzulegen, ob er aufgrund seines Geisteszustands in der Lage sei, den Rechtsanwaltsberuf weiter auszuüben.«[73]

Ein Anwalt soll auf seinen Geisteszustand hin untersucht werden. Eigentlich nichts Besonderes, denn in jedem Beruf gibt es Durchgeknallte und solche, die man dafür hält. Unser Anwalt indes, das wird alsbald ersichtlich, hat sich geistig ultimativ im Gerichtsgebäude verrannt.

Die Sache beginnt völlig harmlos. Nichts deutet auf die spätere juristische Großoffensive hin, als unser Anwalt von einem Klienten das Mandat übernimmt, die Aufwendungen für »angemessen warmes Wohnen« als steuerlichen Grundfreibetrag einzufordern. Im Kern geht es also um folgenden Sachverhalt: Der Mandant heizt die Wohnung, sieht eine angemessen warme Wohnung als Grundrecht an und möchte daher für Heizkosten einen Steuerfreibetrag.

Diese Initialzündung muss – die Prozessakten sagen nichts Näheres – so ungefähr im Frühjahr 2006 stattgefunden haben, denn ab Herbst 2006 bricht über das Verwaltungsgericht Osnabrück eine Flut an größtenteils sinnfreien E-Mails herein. Kurz darauf erreicht der E-Mail-Tsunami den NRW-Obergerichtsvollzieher und anschließend die NRW-Oberfinanzdirektion. Absender in allen Fällen ist der später auf seinen Geisteszustand zu prüfende Anwalt.

Wir halten fest: Der elektronische Verkehr ist gewaltig, doch geht es nicht wie bei John Grisham um die Aussetzung der Todesstrafe an einem zu Unrecht Verurteilten, sondern um Steuerbefreiung für »angemessen warmes Wohnen«, wofür bis Herbst 2008 konsequent E-Mails auflaufen, die laut Prozessakte aus »massenhaft für das Verfahren untauglichen Unterlagen« bestehen. Die Sache kommt also nicht so recht voran. Daher zündet unser Anwalt im Frühjahr 2009 die nächste Stufe: Mit Schreiben vom 19.1.2009 ruft er den Generalbundesanwalt als oberste Strafbehörde an wegen »Bedrohung der inneren Sicherheit der Bundesrepublik« – noch mal zur Erinnerung: es geht immer noch um »angemessen warmes Wohnen« – durch eine »kriminelle Vereinigung von Richtern des Bundesverfassungsgerichts, des Bundesfinanzhofes und des Bundesverwaltungsgerichts«. Letztlich konsequent fordert er daher für die Richter »Haftbefehle, Durchsuchungen und

Telefonüberwachungen zur Abwehr einer Gefahr für den Bestand des Staates«.

Es folgen Anrufung des BVG und des Petitionsausschusses des Deutschen Bundestages – aber unsere anfängliche Begeisterung wandelt sich langsam in Milde: Hier hat sich jemand im Kampf für die gerechte Sache namens »angemessen warmes Wohnen« um den Verstand gebracht. Wünschen wir daher unserem Anwalt von hier aus baldige und erfolgreiche Genesung!

KAPITEL 19

EINER FLOG ÜBER DIE SICHERUNGSVERWAHRUNG

Tief ist er bisweilen, der Graben zwischen Bevölkerung und Justiz. Bei einem Thema ist der Graben indes nicht nur tief, sondern auch dermaßen breit, dass man die gegenüberliegende Seite schon nicht mehr sehen kann. Das Thema ist größenmäßig dem Graben durchaus angemessen: Es geht um den Umgang mit Schwerstkriminellen.

Die Bevölkerung beschwert sich: Die Polizei fängt die Kriminellen ein, und die Justiz lässt sie wieder laufen. Die Justiz hält argumentativ dagegen: Wir lassen die Kriminellen laufen, und die Polizei fängt sie wieder ein. So dreht sich die Diskussion im Kreis.

Bekanntlich hat sich der Staat seit 1969 anlässlich der damals beginnenden großen Strafrechtsreform entschlossen, ins Zentrum des Strafvollzugs die Resozialisierung des Täters zu stellen. Dreh- und Angelpunkt der damaligen Überlegung war die bis heute durch keinerlei Fakten gestützte Annahme, dass noch im schlimmsten Buben ein guter Kern steckt. So soll sogar jener, dessen Biografie eine breite Schneise quer durch das Strafgesetzbuch schlägt, dennoch mittels guten Zuredens zu einem nützlichen Glied der Gesellschaft werden.

Bei näherer Betrachtung jener nützlichen Gesellschaftsglieder in spe stellte sich indes heraus, dass es einigen Straftätern beim guten Zureden an der nötigen Aufmerksamkeit fehlte. Zum Schutz der Bevölkerung sowie vor den unerwünschten Folgen der vermaledeiten Rechtslage griff die Justiz zu einem Hilfsmittel, der nachträglichen Sicherungsverwahrung. Das bedeutet: Sollte sich bei einem Schwerstkriminellen während der Haft herausstellen, dass er mit hoher Wahrscheinlichkeit in Freiheit dort weitermacht, wo er bei Haftantritt notgedrungen aufgehört hat, dann bleibt er wohl besser eingesperrt.

Was spontan einleuchtet, ist rechtsphilosophisch ein Problem. Denn der Täter hat ja seine Strafe verbüßt. In Haft bleibt er wegen Verbrechen, die er noch gar nicht begangen hat, aber aufgrund seiner kriminell-psychopathologischen Struktur eventuell begehen könnte. Diese Frage beschäftigt seit Jahren Landgerichte, Oberlandesgerichte, den Bundesgerichtshof, das Bundesverfassungsgericht und den Europäischen Gerichtshof für Menschenrechte. Der Außenstehende verliert da leicht den Überblick. Und fragt sich: Was ist da überhaupt los? Zur Klärung der Sachlage hier ein Überblick.

Am Anfang steht Gerhard K. Nach einer Jugendstrafe von drei Jahren wegen fortgesetzten Diebstahls nutzt er die wiedergewonnene Freiheit zu räuberischer Erpressung und versuchtem Mord. Hierfür wird er zu weiteren sechs Jahren Jugendstrafe verurteilt. In der Haft greift er einen Vollzugsbeamten an und verletzt ihn massiv. Die Anklage lautet auf versuchten Totschlag. Davon unbeeindruckt prügelt er einen schwerbehinderten Zellengenossen im Streit um ein geöffnetes Fenster beinahe tot. Weil weitere Übergriffe zu befürchten sind und an K. massive Psychopathie diagnostiziert wird, wird er in eine geschlossene psychiatrische Klinik verlegt. Von dort gelingt ihm die Flucht, wobei er eine Vollzugshelferin in Tötungsabsicht würgt, was nur durch zufällig vorbeikommende Passanten verhindert werden kann. Wieder gefasst, wird er zu fünf Jahren Freiheitsstrafe mit anschließender, auf 10 Jahre befristete Sicherungsverwahrung verurteilt.

Kurz vor Ablauf der Frist stellt ein psychiatrisches Gutachten K.s ungebrochene Gefährlichkeit fest. Die Sicherungsverwahrung wird daher nachträglich verlängert. Hiergegen zieht K. unter juristischer Anleitung eines rechtlich versierten Mithäftlings vor das Bundesverfassungsgericht. Am 5. Februar 2004 wird das Urteil verkündet: Das BVG erklärt die nachträgliche Sicherungsverwahrung für mit dem Grundgesetz vereinbar. K.s Klage wird abgewiesen. Damit ist für K. nun der Weg frei zum Durchmarsch vor den Europäischen Gerichtshof für Menschenrechte.

Dieser verkündet am 17. Dezember 2009 sein Urteil, und alle Sicherungsverwahrte rufen freudig aus: »Ja, is' denn heut schon Weihnachten?« Denn das Urteil lautet: Sofortige Entlassung von Gerhard K. sowie 50 000 Euro Schmerzensgeld. Bei der Gelegenheit seien im Übrigen sämtliche in Deutschland nachträglich Sicherungsverwahrten freizulassen.

Was nun anhebt, ist eine faszinierende juristische Farce. Denn die deutschen Gerichte haben jetzt zwei Urteile, auf die sie sich berufen können: Das BVG-Urteil von 2004 mit dem Grundtenor, dass die Sicherungsverwahrung rechtmäßig ist, einerseits, und andrerseits das Urteil des Europäischen Gerichtshofs für Menschenrechte, welches das genaue Gegenteil besagt.

In der Praxis bedeutet dies: Die Oberlandesgerichte Frankfurt/Main, Karlsruhe, Schleswig und Hamm ordnen die sofortige Freilassung einzelner Verwahrter an. Im Geltungsbereich der Oberlandesgerichte Celle, Stuttgart, Nürnberg und Köln bleiben die Gefängnistore hingegen geschlossen.

In den Gefängnissen beginnt hektische Betriebsamkeit: Sämtliche Sicherungsverwahrte wollen sich in für sie günstige Gefängnisse verlegen lassen. Am besten nach Werle, wo ab Juli 2010 nahezu alle Sicherungsverwahrte entlassen werden müssen, ohne Rücksicht auf ihre Gefährlichkeit, auf nicht therapierte Sexualstörungen, auf Gewalt- oder Alkoholprobleme. Was diese Farce noch verschärft, ist die Geschwindigkeit, mit der sie aufgeführt wird. Der Europäische Gerichtshof hatte ja die s o f o r t i g e Entlassung angeordnet, und so geschieht es auch, nämlich in Form der sogenannten »Blitzentlassung«. Also von heute auf übermorgen werden Sicherungsverwahrte, die zumeist zwischen 18 und 27 Jahren eingesessen haben, binnen 48 Stunden schlichtweg vor die Tür gesetzt. Ohne die geringste Vorbereitung auf eine Welt, die sie nur aus dem Fernsehapparat kennen. Ein Hauch von Wahnsinn umwittert unsanft den Rechtsstaat ...

Unterdessen sitzt in der JVA Aachen der Sicherungsverwahrte Gerhard K., dem es nicht gelungen ist, rechtzeitig ins gelobte Werle verlegt zu werden. Das zuständige OLG Köln lehnt seine Freilassung mit Verweis auf das BVG-

Urteil von 2004 ab, wonach Sicherungsverwahrung dem Schutz der Allgemeinheit vor weiteren Straftaten dient. Gerhard K. vermag sich dieser Sichtweise nicht anzuschließen und zieht – gemeinsam mit zwei weiteren Verwahrten und nunmehr gestärkt durch die Europäischen Menschenrechte – ebenfalls vor das BVG.

Wir schauen kurz: Wer klagt denn da?

Gerhard K. ist Jahrgang 1947. Von 1970 bis 1973 brachte er insgesamt 12 Mädchen in seine Gewalt, versetzte sie durch Drohung mit einem Messer in Todesangst und nötigt sie anschließend zu vaginalem und oralem Verkehr. Das LG Berlin verurteilt ihn im Dezember 1973 zu 12 Jahren Haft. Nach seiner Entlassung vergewaltigt er ein achtjähriges Mädchen, wofür er zu sieben Jahren und sechs Monaten verurteilt wird. In der Haft erfolgt die Verlegung in ein psychiatrisches Krankenhaus. Daraus entweicht er im Juni 1988, überfällt eine junge Frau, versucht sie zu vergewaltigen und erwürgt sie anschließend. Das Landgericht Baden-Baden verurteilt ihn im Februar 1990 zu einer 15-jährigen Haftstrafe mit Therapieauflagen.

Nach mehreren gescheiterten Therapieansätzen wird Gerhard K. 1993 als »therapieunfähig« in den normalen Strafvollzug verbracht. In der Haft sagt K. aus, dass er bei der Gerichtsverhandlung bewusst gelogen hat, um einer lebenslangen Haft und Sicherungsverwahrung zu entgehen. Daraufhin ordnet das LG Baden-Baden Sicherungsverwahrung an, da K. als »hoch gefährlich« einzustufen sei. Im Falle seiner Freilassung seien schwerste Sexualstraftaten sowie sexueller Missbrauch von Kindern zu befürchten.

Am 4. Mai 2011 verkündet das BVG sein Urteil[74], und dieses Datum hat beste Chancen, künftig als juristischer Staatstrauertag begangen zu werden, komplett mit Halbmastbeflaggung vor den deutschen Gerichten. An diesem Tag erklärt das BVG s ä m t l i c h e Vorschriften der Anordnung von Sicherungsverwahrung für mit dem Grundgesetz unvereinbar. Das BVG nämlich ist zu der Erkenntnis gelangt, dass an Sicherungsverwahrten entschieden zu wenig therapiert wird.

Angesichts der Tatsache, dass es sich beim Kläger indes um einen nachweislich untherapierbaren Täter handelt, liest sich das BVG-Urteil wie reinste Realsatire:

»Spätestens zu Beginn des Vollzugs der Sicherungsverwahrung hat unverzüglich eine umfassende, modernen Anforderungen entsprechende Behandlungsuntersuchung stattzufinden. Dabei sind die individuellen Faktoren, die für die Gefährlichkeit des Untergebrachten maßgeblich sind, eingehend zu analysieren.«

Für einen Untherapierbaren verlangt das BVG also was? Genau, Therapie!

»Auf dieser Grundlage ist ein Vollzugsplan zu erstellen, aus dem sich detailliert ergibt, ob und gegebenenfalls mit welchen Maßnahmen vorhandene Risikofaktoren minimiert oder durch Stärkung schützender Faktoren kompensiert werden können, um die Gefährlichkeit des Untergebrachten zu mindern, dadurch Fortschritte in

Richtung einer Entlassung zu ermöglichen und dem Untergebrachten eine realistische Perspektive auf Wiedererlangung der Freiheit zu eröffnen.«

Unser scharfsinniges BVG fordert also allesamt Maßnahmen, die bereits erfolglos am Täter abgeprallt sind. Das ficht das BVG aber nicht an. Stattdessen wird munter der untergehenden sozialharmonischen Sonne entgegengeritten:

»Hierzu bedarf es einer individuellen und intensiven Betreuung des Untergebrachten durch ein multidisziplinäres Team qualifizierter Fachkräfte. (...) In Betracht zu ziehen sind etwa berufliche Aus- und Weiterbildungsmaßnahmen, psychiatrische, psycho- oder sozialtherapeutische Behandlungen ...«

Das BVG hängt an der Therapiefixierung wie ein Junkie an der Nadel und verliert sich letztlich völlig in Täter-Opfer-Verdrehung:

»Die unbestimmte Dauer der Sicherungsverwahrung kann schwerwiegende psychische Auswirkungen haben, den Untergebrachten demotivieren und ihn in Lethargie und Passivität führen.«

Zur Sicherheit sei's nochmals gesagt: Hier ist nicht von den Opfern die Rede, sondern vom Täter. Wollen wir das? Wollen wir demotivierte Gewaltverbrecher?

Es mag hartherzig klingen, aber ich vermag K.s Schicksal nicht zu meinem Anliegen zu machen. Stattdessen sehe ich zwischen ihm und meinen Kindern liebend gern eine fünf Meter hohe Sicherheitsmauer. Jeder Justizvollzugsbeamte weiß, dass fast sämtliche Sicherungsverwahrte bereits jahrelange und durch die Bank erfolglose Therapien hinter sich haben, meist mit unterschiedlichen therapeutischen Ansätzen. Oder sie verweigern sich hartnäckig jeder Therapie. Lassen wir einen Fachmann zu Wort kommen, den Leiter der Haftanstalt Werle, Michael Skirl, im Übrigen alles andere als ein Hardliner in Sachen Strafvollzug. In seinem durchweg lesenswerten Buch *Wegsperren?* schreibt er:

»Einige Sicherungsverwahrte sind schlicht unfähig, ihre Lage zu reflektieren, oder es fehlt ihnen der lange Atem und sie reden nicht mehr mit uns. Wieder andere sind intelligent genug, um spätestens in der dritten Therapie zu wissen, was der Therapeut an welcher Stelle hören will oder an welcher Stelle der Kindheitsgeschichte unangenehme Nachfragen des Therapeuten durch eine leicht abgewandelte, geschmeidige Schilderung vermieden werden können. Mühelos, schnell und meist unmerklich stellen sie sich auf die Persönlichkeit des Therapeuten ein, erkennen *seine* Bedürfnisse und Wünsche, zum Beispiel nach therapeutischem Erfolg bei ihnen, und spielen mit ihm Katz und Maus.«[75]

Deutliche Worte aus der Praxis, die die Richter am BVG in ihrer fundamentaljuristischen Verklärung allerdings nicht hören möchten. Wir haben es hier mit Gefangenen zu tun, an denen in 20-25 Jahren Vollzug sämtliche Therapieversuche bravourös gescheitert sind. Und dann kommt das BVG und schreibt von »multidisziplinären Teams«, die therapeutisch den braven Nukleus im bösen Buben freilegen sollen. Es gibt aber, so Michael Skirl, »schlichtweg Unbehandelbare«. Apathische. Verbitterte. Laut Skirl handelt es sich hierbei um eine unter Praktikern im Strafvollzug anerkannte Tatsache. Und die lässt sich auch dann nicht durch Rechtsnormen umstoßen, selbst wenn diese vom höchsten deutschen Gericht aufgestellt werden. Offenbar haben die Karlsruher Richter auch nichts von der schmerzlichen Erfahrung von Susanne Preusker gehört. Die ehemalige Leiterin der sozialtherapeutischen Abteilung der JVA Straubing schildert im *Focus* vom 16.5.2011, sichtlich geschockt vom BVG-Urteil, ihre Sicht der Dinge:

»Es ist ein kapitaler Fehler, unser akademisches, liberales, bildungsbürgerliches Wertesystem eins zu eins auf jeden Insassen hinter Gefängnismauern zu übertragen. Die Realität lässt sich weder durch feinsinnige juristische Abhandlungen noch durch akademische Diskussionen austricksen: Es gibt ihn wirklich, den nicht therapierbaren Kriminellen mit seinen eigenen Vorstellungen zu Werten, Normen, Menschenbildern oder Lebensentwürfen, die den unseren so gar nicht entsprechen wollen.
Einer von denen hat mich, seine Sozialtherapeutin, nach vierjähriger intensiver Therapie, die allen wissenschaftli-

chen Kriterien Genüge getan hat, als Geisel genommen und vergewaltigt. Trotz eines individuell abgestimmten Betreuungs- und Behandlungsangebots. Einfach so. Berufsrisiko? Vielleicht.

(...) Nicht teilen kann ich einen unreflektierten und durch nichts begründeten Therapieoptimismus, nicht teilen kann ich Forderungen, die unüberschaubare finanzielle Aufwendungen nach sich ziehen, wobei deren Effektivität mehr als fraglich bleibt. Und dies in einer Zeit, in der Opfer von Gewalttaten nach wie vor um professionelle Unterstützung regelrecht zu betteln und gegen endlose Wartelisten der wenigen fachkundigen Therapeuten zu kämpfen haben.«

Denn die wenigen fachkundigen Therapeuten sind ja nach Meinung des BVG damit zu beschäftigen, gefährliche Straftäter möglichst rasch wieder in Freiheit zu setzen.

»Ich vermag mich des Eindrucks nicht zu erwehren, dass mit diesem Urteil des Bundesverfassungsgerichts zugunsten eines abstrakten und höheren juristischen Ziels Realitäten, die der Alltag mit gefährlichen Straftätern aufweist, negiert werden. Und die Rechnung werden schließlich die zahlen, die eigentlich zu schützen wären.«

So Frau Preusker in ihrem Artikel, der übrigens den aus Sicht der Justiz ganz und gar unromantischen, aber durch persönliche Erfahrung gefestigten Titel trägt: »Lasst sie niemals frei!«

KAPITEL 20

EINER FLOG ÜBER DAS BUNDESVERFASSUNGSGERICHT

Das BVG. Unser höchstes Gericht. In Lobeshymnen wird es gemeinhin als »das Beste der Besten« tituliert. Andere Rezensenten, denen wir uns aber nicht zwingend anschließen müssen, haben eine leicht abweichende Meinung, nämlich »die acht Arschlöcher in Karlsruhe«. Oder sagen wir es in jenem ganzen Satz, den ein bis heute nicht geoutetes Mitglied der SPD-Regierung im Jahre 1973 von sich gab: »Ich lass mir doch von den acht Arschlöchern in Karlsruhe nicht meine Ost-Politik kaputtmachen.«[76]

BVG-Richter als »Arschlöcher« – doch, das ist legitim. Das BVG-Gesetz erlaubt ausdrücklich ein Sondervotum. Wir sind verunsichert.

Das Bundesverfassungsgericht, was ist das eigentlich? Wer durch alle Instanzen durchgerasselt ist, kann das BVG anrufen. Da ist dann meistens aber nur der Anrufbeantworter dran. Denn das BVG ist überlastet. Seit 1951 wurden dort über 184 000 Verfassungsbeschwerden behandelt, nur 2,4 % aller angenommenen Beschwerden waren erfolgreich. Knapp 98 Prozent der Beschwerden wurden ohnehin abgelehnt. Zur Ablehnung bedarf es im Übrigen keiner Begründung.

Dennoch ist die Leistung des BVG enorm: Seine Entscheidungen erreichen oft epochale Ausmaße, wie etwa im »Lissabon-Urteil« von 2009, das es auf – wahrscheinlich von niemandem gelesene – 171 Druckseiten brachte. Oder im Urteil zur Vorratsdatenspeicherung mit 125 – letztlich unlesbaren – Druckseiten.

Das BVG hat einen Konstruktionsmangel, der ihm eine gewaltige Kopflastigkeit beschert: In jedem der zwei Senate des BVG müssen nur drei Berufsrichter tätig sein.

Aus welchem juristischen Umfeld der Rest sich rekrutiert, ist gesetzlich nicht sehr detailfreudig geregelt. Voraussetzung ist nur die Befähigung zum Richteramt, also das Zweite Juristische Staatsexamen. Von den insgesamt 16 BVG-Richtern sind derzeit der Stücker neun sogenannte »beamtete Hochschullehrer des Rechts«, fast alle davon sind Staatsrechtler.

Die praktische Seite der Justiz ist im obersten deutschen Gericht überhaupt nicht vorhanden. Es findet sich dort kein einziger Praktiker, also keiner der 160 000 Anwälte in Deutschland. Die größte juristische Berufsgruppe, nämlich die mit der realjuristischen Lebenserfahrung, ist am BVG nicht präsent. Und das ist so ähnlich, wie wenn im Aufsichtsrat eines Automobilkonzerns nur Betriebswirte sitzen, aber kein einziger Ingenieur. Oder wenn in der Leitung eines Gymnasiums nur Hochschulpädagogen sitzen, aber kein einziger Lehrer.

Am BVG also bilden neun Universitätsprofessoren eine qualifizierte Mehrheit. Eine Mehrheit, die den juristischen

Alltag noch nie von innen gesehen hat. Da mag einer der Richter zwar zum Thema »Kulturelle Rechte und Verfassung« habilitiert oder ein anderer die Leitung eines »Gender-Kompetenzzentrums« innegehabt haben – lebensnahe Kenntnisse in Straf- oder Zivilrecht sind nicht erforderlich.[77]

Ebenfalls nicht erforderlich ist es überraschenderweise, dass sich ein BVG-Richter voll und ganz seinem hohen Amt widmen muss. Während das Grundgesetz in Artikel 55 regelt, dass der Bundespräsident nicht nebenher noch einem Gewerbe nachgehen darf – was letztlich spontan einleuchtet, denn wer will schon einen Präsidenten, der vormittags noch ein Sportstudio betreibt? –, gilt dies für einen Teil der BVG-Richter nicht. Nämlich eben jene »beamtete Hochschullehrer des Rechts«, die Uniprofessoren also. Das führt zu folgender bizarren Situation: Während jene BVG-Richter, die zuvor Richter an einem Bundesgericht waren, ausschließlich nur noch Verfassungsrichter sein dürfen, also ohne weitere Einkünfte, darf der Uniprofessor weiter nach Herzenslust an seiner Hochschule unterrichten. Und selbst wenn er es nicht tut, bekommt er ein Drittel seiner dortigen Bezüge. Zusätzlich zum Gehalt als Verfassungsrichter, das derzeit bei monatlich 11.070,09 Euro rangiert. Sein nicht professoraler Kollege dagegen fällt – wie es sich gehört – unter § 101 Absatz 2 BVG-Gesetz, wonach er als Verfassungsrichter aus seinem vorherigen Beruf auszuscheiden hat, weil höchstes deutsches Recht zu sprechen sich letztlich doch irgendwie nach einem Fulltime-Job anhört. Beim Uniprofessor aber ist es geringfügig anders, denn hier greift nun überraschend § 3 Absatz 4 BVerfGG, und der besagt kurz und knackig: Die dürfen nicht nur richten, sondern auch noch unterrichten. So eng liegen im Recht Doppelbesoldung Haben oder Nichthaben beieinander. Das macht schon mal schlechte Stimmung im Sitzungssaal.

Es fragt sich indes, wo die viel beklagte Überlastung der Verfassungsrichter herrührt, wenn eine Mehrheit davon noch einem zweiten Job nachgehen kann. Vermutlich ruht ein Großteil der Arbeitsleistung im BVG bei jenen übrigen Verfassungsrichtern, die sich voll und ganz auf das Richteramt zu konzentrieren haben. Oder aber beim berühmten »3. Senat des BVG«. Gemeint sind damit die 64 Mitarbeiter der Verfassungsrichter (pro Richter vier), die die Gerichtsentscheidungen vorbereiten. Für diese Mitarbeiter ist keine bestimmte Qualifikation vorgeschrieben.

Es kann also durchaus geschehen, dass blutige Berufsanfänger wesentliche Fragen des deutschen Grundrechts prägend mitbestimmen. Insbesondere bei den Uniprofessoren kann davon ausgegangen werden, dass sie einen Teil der Mitarbeiter aus ihrer Professur rekrutieren, also aus ihren Hochschul-Assistenten. Das bedeutet im Extremfall: Mitarbeiter ohne jede Erfahrung im Richteramt beraten jemand, der ebenfalls noch nie ein Richteramt ausgeübt hat. Dieser Vorgang heißt dann Rechtsprechung am Verfassungsgericht der Bundesrepublik Deutschland.

Das Resultat sind Urteile von mitunter beispielloser Erdabgewandtheit. Keiner vermag zu ergründen, wie das BVG nach sorgfältiger Abwägung folgende Entscheidung der vorgelagerten Gerichte aufheben konnte: Einem wegen des Besitzes kinderpornografischer Schriften vorbestraften Vater wird der unbewachte Umgang mit seiner fünfjährigen Tochter entzogen. Diesen Beschluss nun hebt das BVG auf. Und zwar mit einer Begründung, die fassungslos macht. Der Vater, so stellt das BVG fest, war zwar nachweislich im Besitz von insgesamt 27 kinderpornografischen Dateien. Dennoch ist dem Vater der unbeaufsichtigte Umgang mit seiner Tochter zu gestatten, denn »entlastend« für den Vater muss laut BVG-Urteil berücksichtigt werden, dass der Vater neben den 27 kinderpornografischen Dateien auch noch zahlreiche pornografische Dateien ohne Kinderbezug besaß.[78]

KAPITEL 21

EINER FLOG ÜBER DIE OPFERBEREITSCHAFT

Die beiden vorangegangenen Kapitel waren letztlich etwas anstrengend: Schwerverbrecher, Kinderpornografie, Gender-Kompetenzzentrum … Allesamt Themen, die einen instabilen Leser leicht an den Rand des psychisch Verkraftbaren drängen.

Wenden wir uns daher nun schwungvoll wieder den deutlich unterhaltsameren Dingen zu. Dem Alltag. Dem Haushalt. Und dem ewigen Konflikt zwischen dem Mann und dem Wesen an seiner Seite.

Der Bundesgerichtshof mahnt! Und zwar deutlich:

»Bei der Mithilfe des noch rüstigen Ehemannes im Haushalt handelt es sich um eine Übung, die der gegenwärtigen Auffassung von Ehe entspricht, wonach es nämlich unvereinbar ist, dass ein im Ruhestand lebender Mann bis ins hohe Alter alle Arbeiten allein der Frau überlässt und er selbst untätig zuschaut.«[79]

Das sind messerscharfe, tief ins Fleisch des Abspülverweigerers eindringende Worte. Meine Herren, jetzt bitte keine Panik – das gilt nur für RENTNER. Männer im Berufsleben dürfen auch weiterhin der Frau untätig bei der Hausarbeit zuschauen.

Ich vermute befreites Aufatmen beim jüngeren Teil der männlichen Leserschaft. Herren kurz vor Erreichen des Rentenalters hingegen kämpfen jetzt wahrscheinlich mit herzinfarktähnlichen Attacken. Sie wollten es sich gerade final auf dem Sofa gemütlich machen – mit Blickrichtung zur Küche. Und dann kommt das Bundessozialgericht mit diesem Skandalurteil!

Aber daran sieht man, wie weit sich die Justiz von der guten alten Zeit entfernt hat. Wir erinnern uns an folgende Paragrafen aus der Zeit des Wirtschaftswunders:

§ 1354 BGB: Der Mann bestimmt Wohnort und Wohnung der Familie.

§ 1358 BGB: Der Mann darf jederzeit ein von der Frau eingegangenes Arbeitsverhältnis kündigen. Und zwar fristlos!

Bis 1966 galt ohnehin: Eine Frau darf nur dann ein Arbeitsverhältnis eingehen, wenn dies mit den Pflichten der Ehe vereinbar ist.

Und noch 1967 hat der BGH diese Pflichten näher spezifiziert: »Der eheliche Beischlaf ist seitens der Frau nicht widerwillig, sondern in Opferbereitschaft zu vollziehen.«[80]

Liebe Leserinnen, seien Sie unbesorgt: Sie können nicht mehr zum Opferbereitschaftsdienst herangezogen werden, denn diese Rechtsnormen gelten heute allesamt nicht mehr. Es gibt Paragrafen, die werden alt und gebrechlich und daher gnädig vom Gesetzgeber aus der Rechtslandschaft entfernt. Aber, so fragen Sie besorgt, wie entledigen wir uns weiterer Paragrafen? Die Frage ist schwer, doch die Antwort ganz einfach: Verkaufen!

Zum besseren Verständnis hilft ein Blick auf das Thema Emissionsrechte. Die Vorgänge hierzu sind allseits bekannt: Ein Land hat das Recht, sagen wir 100 Millionen Tonnen CO_2 in die Luft zu blasen, tatsächlich verbraucht wurden aber nur 50 Millionen, also verkauft das Land das überschüssige Emissionsrecht an ein anderes Land, das ein bisschen mehr CO_2 rausblasen möchte. Emissionsrechte können also verkauft werden. Das geht. Warum dann nicht auch andere Rechte verkaufen? Jetzt sind Sie gerade knapp bei Kasse, der Gerichtsvollzieher steht vor der Tür, da keimt die Frage auf: Kann auch ich irgendwelche Rechte verscherbeln?

Das Vorfahrtsrecht zum Beispiel. Rechts vor links. Der Führerschein ist grade weg, da brauchen Sie das Vorfahrtsrecht nicht. Also verkaufen Sie dieses Recht. Eventuell an einen Engländer.

Dann schauen Sie weiter: Was für überflüssige Rechte hab ich sonst noch? Erst mal im Grundgesetz nachschlagen. Da finden wir unter anderem das Recht, sich eine Regierung zu wählen. Fast jeder hat dieses Recht, gebrauchen tut es nur jeder Zweite. Millionen Deutsche gebrauchen kein Wahlrecht, Millionen Menschen in Saudi-Arabien hätten es gerne – verkaufen Sie es dorthin. Brauchen Sie das Demonstrationsrecht? Falls nicht, verhökern Sie's an jemanden, der was damit anfangen kann. An einen Nordkoreaner beispielsweise. Das Recht auf Meinungsfreiheit geht an einen Chinesen. Religionsfreiheit? Ab damit nach Teheran.

Aber was kriegt man eigentlich für so ein Recht? Welchen Betrag? Was ist so ein Recht wert? Da überlegen Sie kurz: Was hab *ich* eigentlich für dieses Recht bezahlt, als ich's bekommen hab? Und Sie stellen fest: Nichts. Das haben Sie komplett umsonst gekriegt. Fragen wir daher weiter: Was *hätten* Sie denn dafür bezahlt? Meinungsfreiheit – wenn Sie die heute kaufen müssten, was wäre Ihnen die heute wert? 10 Euro im Monat? Als Flatrate? Damit Sie einen Monat lang durchschimpfen können? Und was ist mit der Unverletzlichkeit der eigenen Wohnung? Die verhindert, dass mitten in der Nacht die Geheimpolizei klingelt und Sie mitnimmt! Was ist Ihnen das eigentlich wert?

Wie ermittelt man den Wert eines Rechts? Nun, in einer Marktwirtschaft letztlich durch konkurrierende Angebote von freien Unternehmen. Also zum Beispiel ganz spekulativ:

Die Allianz AG bietet für einen monatlichen Betrag von € 89,90 Pressefreiheit, Versammlungsfreiheit, Reisefreiheit. Bei der Hamburg-Mannheimer gibt es für 10 Euro mehr das Recht auf Entfaltung der Persönlichkeit, das Recht auf Rausch und einmalig 50 Liter Freibier. Und bei der Bayrisch-Altöttinger gibt es für dasselbe Geld straffreie Alkoholfahrten bis 1,8 Promille sowie die Wiedereinführung weiblicher Opferbereitschaft. Das sind knallhart kalkulierte Angebote freier Unternehmen.

Die Justiz hingegen als Staatsbetrieb setzt eher auf das System »ausgleichende Gerechtigkeit«. Hierzu ein Beispiel aus der Praxis:

Zwar wurde vom Amtsgericht Köln eine arbeitslose Alleinerziehende wegen mehrfachen Schwarzfahrens zu 11 000 Euro Strafe verurteilt. Das erscheint uns ungerecht. Aber andererseits wurde kurz darauf ein Ministerialdirigent in Magdeburg trotz nachgewiesener Unterschlagung von 55 000 Euro komplett freigesprochen.[81] Das erscheint ebenfalls ungerecht. Das Urteil gegen die arme Frau stinkt zum Himmel. Der Freispruch für den reichen Mann aber auch. Aber beides zusammen macht eben die ausgleichende Gerechtigkeit.

Wer ungerechtfertigt verurteilt wird, kann sich sicher sein, dass er hierdurch den Grundstock gelegt hat für einen ungerechten Freispruch andernorts. Dieser Vorgang heißt Gerechtigkeit. Und wir alle kennen das Sinnbild der Gerechtigkeit: Die Dame Justitia. In der einen Hand hält sie eine Waagschale, in der anderen ein Schwert, die Augen sind verbunden. Warum die Augenbinde? Damit ohne Ansehen der Person geurteilt werden kann. Wozu das Schwert? Um die Feinde des Rechts abzuschrecken.

So weit die Theorie. In der Praxis hingegen regelt die Rechtsprechung, dass Blinde unter keinen Umständen Strafrichter werden dürfen. Also die Augenbinde ist schon mal weg.

Was ist mit dem Schwert? Hierzu regelt das Gerichtsgesetz, dass Richtern das Tragen von Waffen untersagt ist. Das Schwert können wir also auch vergessen.

Was bleibt, ist eine Frau mit einer Waagschale in der Hand. Und die treffen wir auf jedem Wochenmarkt. Das Sinnbild der Justiz ist also eine Marktfrau. Und wir alle kennen natürlich das Wesen der Marktfrau: Wer mit ihr gut kann, der bekommt einen Gratisapfel obendrauf. Und wer sich mit ihr anlegt, der wird von ihr beim Rausgeben bös' beschissen. So ist Justitia.

Und das ist jetzt nicht *die* große Botschaft.

Aber für dieses Buch ein durchaus angemessener Schluss.

Anmerkungen und Fussnoten

1) 4 StR 74/12 – Beschluss vom 25. April 2012. Siehe auch: *FAZ* vom 23.8.2012: »Zur Erziehung anvertraut« von Prof. Dr. Tatjana Hörnle.
2) Auch in folgendem Fall wird ein eigentlich klarer Gedanke ins glatte Gegenteil verkehrt. Urteil des BGH vom 18. August 2008, IZB 39/08: »Die Räumungsvollstreckung durch den Eigentümer darf nicht betrieben werden, wenn ein Dritter, der im Vollstreckungstitel nicht namentlich genannt ist, im Besitz der Mietsache ist.«
Was hier im gewohnt schwierigen Juristendeutsch daherkommt, ist eines jener Urteile, die dafür verantwortlich sind, dass so etwas wie Grundvertrauen in die Justiz einfach nicht so recht zustande kommen will. Im Gegenteil: Das Urteil ist ein gedankenverlorener Schmarren, der fassungslos macht.
Zunächst, und um das Urteil auch für Laien rein sprachlich verständlich zu machen: Juristisch ist zwischen Eigentümer und Besitzer ein himmelweiter Unterschied. Dem Eigentümer gehört die Sache, der Besitzer darf sie nur nutzen. Der »Besitzer einer Mietsache« ist daher die juristische Bezeichnung für Mieter. Mit dieser Information ausgestattet, wird das Urteil nun bereits deutlicher. Es besagt im Klartext: Der BGH hat einen fiesen Trick legalisiert, durch den Mietwohnungen, etwas kriminelle Energie vorausgesetzt, letztlich unkündbar werden. Ein Mieter

Z hat monatelang keine Miete mehr bezahlt. Der Vermieter prozessiert erfolgreich, nun rückt der Gerichtsvollzieher an mit einem Räumungsurteil. In diesem Urteil steht der Name des Mieters, also Z. Dieser nun hat einen Tag vor dem Räumungstermin die Wohnung an eine Frau Y untervermietet. Die Folge: Der Gerichtsvollzieher muss erst mal wieder heim und der Vermieter muss das Urteil umschreiben lassen, eventuell sogar gegen Frau Y einen neuen Prozess führen. Bekommt er dann ein weiteres Räumungsurteil, trifft der Gerichtsvollzieher in der Wohnung auf einen neuen Untermieter, Herrn X. Und alles beginnt schon wieder von vorn.

Rechtsgrundlage hierbei ist § 750.1 Zivilprozessordnung, wonach Urteile nur gegen Personen vollstreckt werden können, die ausdrücklich namentlich im Urteil genannt sind. Sowohl das Amtsgericht Eutin wie auch das Landgericht Lübeck erkannten im vorliegenden Fall hingegen mühelos das, was er ist, nämlich ein »offensichtlicher Rechtsmissbrauch«. Zumal der Mieter Z seinen Untermieter erst aus dem Hut gezaubert hatte, nachdem das Räumungsurteil bereits verkündet worden war. Er hätte die Wohnung also schon mal gar nicht untervermieten dürfen! Der BGH hingegen sattelt das Pferd für einen ausgedehnten Ritt in Sachen Prinzipien- und Paragrafenreiterei: »Gegen andere als im Vollstreckungstitel bezeichnete Personen darf die Räumung selbst dann nicht erfolgen, wenn der Verdacht besteht, dem Dritten sei der Besitz nur eingeräumt worden, um die Zwangsräumung zu vereiteln.«

Aus. Fertig. Ende der Durchsage. Auch wenn der Mieter die Wohnung gar nicht hätte untervermieten dürfen und auch wenn die ganze Untervermieterei ohnehin nur ein höchst durchsichtiges Schmierentheater war, so bleibt der

BGH stur auf der erdabgewandten Seite der Welt und der Vermieter auf sämtlichen Kosten sitzen. Im vorliegenden Fall 22 500 Euro.

3) Amtsgericht Bad Canstatt 12 C 3263/11.
4) AG München 163 0 337/20/99.
5) OLG Hamm 20 U 107/84.
6) AG Schöneberg 3 C 700/85.
7) AG Frankfurt 30 C 2601/00-25.
8) LG Frankfurt 2/21 0 60/99.
9) LG Frankfurt 2/24 S 344/76.
10) AG Hamburg 10 C 514/03.
11) AG München 6 C 15778/79.
12) AG München C 2463/75.
13) AG Düsseldorf 58 C 3213/98.
14) KG Berlin 12 U 1953/76.
15) LG Frankfurt NJW-RR 1987, 368.
16) AG Hamburg 4 C 312/97.
17) BSGH Wien C 66/08z.
18) AG Bad Homburg 2 C 3731/95-19.
19) LG Düsseldorf 22 S 317/96.
20) AG Dortmund 116 C 274/00.
21) AG Frankfurt 12.3.99.
22) AG Hamburg 22 B C 210/01.
23) AG Frankfurt FVE ZiVR Nr. 218.
24) AG München C 2461/5.
25) AG Neuwied 4 C 2151/03.
26) Orth/Blinda: *Sorry, Ihr Hotel ist abgebrannt!*, S.32.
27) AG Aschaffenburg 13 C 3517/95.
28) Orth/Blinda, S. 210.
29) BGHS Wien 16 C 177/07g.
30) HG Wien 20 R 31/01 x.
31) HG Wien 50R 28/03d.
32) BGHS Wien 15 C 974/03z.

33) HG Wien 1 R 166/02m.
34) HG Wien 1 R 580/00s.
35) BGHS Wien 12 C 1403/03s.
36) BGHS Wien 2 C 1857/06m.
37) HG Wien 50 R 30/03y.
38) LG Hamburg NJW-RR 1993, 1465.
39) HG Wien 50 R 20/06g.
40) Wer das Urteil anerkennt, wird als verurteilt angesehen.
41) EstG § 34.1.
42) EstG § 34.3.
43) Der durchschnittliche Steuersatz liegt in Deutschland bei 30 Prozent. Die insgesamt 52 Prozent an Abgaben, die uns der Bund der Steuerzahler vorrechnet, stimmen nicht. Darin enthalten sind auch Rentenbeiträge, die wir zwar abgezogen, aber – zumindest laut Aussage von Norbert Blüm – auch ganz sicher wieder kriegen. Was ebenfalls fehlt, sind staatliche Rückflüsse in Form von Kindergeld und allerlei Zuschüssen. Der ominöse »Tag des Steuerzahlers« so um den 7. Juli herum, ab dem wir nicht mehr fürs Finanzamt arbeiten, liegt also tatsächlich irgendwo Ende Mai. Heftig genug. Aber man ist ja schon für kleine frohe Botschaften dankbar.
44) BGH, Urteil vom 07.02.2012 – 1 StR 525/11.
45) LAG Mainz Sa 474/09.
46) Bauer, Jobst-Hubertus, *Recht kurios*, S.56f.
47) VG Leipzig 3 K 1106/10.
48) AG Offenbach NJOZ 2005, 2 S. 185.
49) Gaedke, Jürgen, *Handbuch des Friedhofsrechts*, 5. Auflage.
50) Ein sinnvoller Paragraf. Haben wir nicht alle schon einmal darunter gelitten, wenn der eilends zusammengeschusterte Chor aus stark alkoholisierten Freiwilligen den schönen Chorsatz in »Ich hatt' einen Kameraden« in neue Höhen des Atonalen führte?

Es gibt musikalische Post-mortem-Darbietungen, wo wir den schwankenden Chor samt Dirigenten vom starken Arm des Gesetzes in Handschellen vom Friedhof weggeführt und in die nächste Ausnüchterungszelle verbracht sehen mögen.
51) Schade eigentlich für Baden-Württemberg. Denn das ließe sich doch werbetechnisch nutzen: »14 Uhr Nordfriedhof – die Frisur hält!« Und es wäre doch auch für die Hinterbliebenen nicht uninteressant gewesen, zu erfahren, wie Opa mit Strähnchen und Dauerwelle ausgesehen hätte.
52) BFH 2009, 250 15430.
53) Bruckmann, *Mietmängel von A-Z*, S. 13.
54) ebda, S. 32.
55) ebda, S. 47.
56) ebda, S. 28.
57) ebda, S. 49.
58) BGHZ 33,251, zit. nach Stader, *Kurze Einführung in den Juristenhumor*, S. 194.
59) Arbeitsgericht Bocholt, 3 Ca 55/90.
60) Dieser Fall ist dem sehr heiteren Büchlein entnommen: Jörg Metes, *Die schönsten Weihnachtskatastrophen aus aller Welt*.
61) Ebda.
62) Ebda.
63) Ebda.
64) Vgl. Kapitel »Einer flog übers Bestattungsrecht«.
65) LAG Hamburg; 5 Sa 14/10.
66) ArbG Köln 6 Ca 3846/09.
67) Siehe Bauer, a.a.O., S.130.
68) LAG Köln 3 TaBV 15/10.
69) Urteil vom 21.1.2011.
70) *NJW* 1990, 925.
71) siehe BGH Urt. vom 22.3.2012 – 4 StR 558/11.

72) Beschluss vom 22.10.2009, 82 Ss Owi 93/09.
73) 1 AGH 7/11.
74) BvR 2365/09, 2 BvR 740/10.
75) Michael Skirl, *Wegsperren?*, S. 201.
76) Nachzulesen in der *Zeitschrift für Rechtspolitik* 5/2012, Seite 150.
77) *ZRP* 8/2011, S. 229, »Fachkompetenz und Legitimation der Richter des BVG«. Dieser sehr lesenswerte Aufsatz von Dr. Martin Pagenkopf sei nachhaltig zur Lektüre empfohlen.
78) Urteil des BVG vom 29.11.2007 -1, BvR 1635/07 zit. nach *ZRP* 8/2012, S. 251.
79) Zitiert nach Stader, a.a.O., S. 104.
80) BGH Urt. vom 2.11.1966, IV ZR 239/65.
81) Gillen/Rossum, *Schwarzbuch Deutschland*, S. 469ff.

Es gibt musikalische Post-mortem-Darbietungen, wo wir den schwankenden Chor samt Dirigenten vom starken Arm des Gesetzes in Handschellen vom Friedhof weggeführt und in die nächste Ausnüchterungszelle verbracht sehen mögen.
51) Schade eigentlich für Baden-Württemberg. Denn das ließe sich doch werbetechnisch nutzen: »14 Uhr Nordfriedhof – die Frisur hält!« Und es wäre doch auch für die Hinterbliebenen nicht uninteressant gewesen, zu erfahren, wie Opa mit Strähnchen und Dauerwelle ausgesehen hätte.
52) BFH 2009, 250 15430.
53) Bruckmann, *Mietmängel von A-Z*, S. 13.
54) ebda, S. 32.
55) ebda, S. 47.
56) ebda, S. 28.
57) ebda, S. 49.
58) BGHZ 33,251, zit. nach Stader, *Kurze Einführung in den Juristenhumor*, S. 194.
59) Arbeitsgericht Bocholt, 3 Ca 55/90.
60) Dieser Fall ist dem sehr heiteren Büchlein entnommen: Jörg Metes, *Die schönsten Weihnachtskatastrophen aus aller Welt*.
61) Ebda.
62) Ebda.
63) Ebda.
64) Vgl. Kapitel »Einer flog übers Bestattungsrecht«.
65) LAG Hamburg; 5 Sa 14/10.
66) ArbG Köln 6 Ca 3846/09.
67) Siehe Bauer, a.a.O., S.130.
68) LAG Köln 3 TaBV 15/10.
69) Urteil vom 21.1.2011.
70) *NJW* 1990, 925.
71) siehe BGH Urt. vom 22.3.2012 – 4 StR 558/11.

72) Beschluss vom 22.10.2009, 82 Ss Owi 93/09.
73) 1 AGH 7/11.
74) BvR 2365/09, 2 BvR 740/10.
75) Michael Skirl, *Wegsperren?*, S. 201.
76) Nachzulesen in der *Zeitschrift für Rechtspolitik* 5/2012, Seite 150.
77) *ZRP* 8/2011, S. 229, »Fachkompetenz und Legitimation der Richter des BVG«. Dieser sehr lesenswerte Aufsatz von Dr. Martin Pagenkopf sei nachhaltig zur Lektüre empfohlen.
78) Urteil des BVG vom 29.11.2007 -1, BvR 1635/07 zit. nach *ZRP* 8/2012, S. 251.
79) Zitiert nach Stader, a.a.O., S. 104.
80) BGH Urt. vom 2.11.1966, IV ZR 239/65.
81) Gillen/Rossum, *Schwarzbuch Deutschland*, S. 469ff.